Hans-Jörg Sander

**Sozialökonomische Klassifikation
der kleinbäuerlichen Bevölkerung im
Gebiet von Puebla-Tlaxcala (Mexiko)**

BONNER GEOGRAPHISCHE ABHANDLUNGEN

ISSN 0373-0468

Herausgegeben von

H. Hahn W. Kuls W. Lauer P. Höllermann K. A. Boesler

Schriftleitung: H.-J. Ruckert

Heft 56

Hans-Jörg Sander

Sozialökonomische Klassifikation der kleinbäuerlichen Bevölkerung im Gebiet von Puebla-Tlaxcala (Mexiko)

1977

In Kommission bei

FERD. DÜMMLERS VERLAG · BONN

-Dümmlerbuch 7556-

Sozialökonomische Klassifikation der kleinbäuerlichen Bevölkerung im Gebiet von Puebla-Tlaxcala (Mexiko)

von

Hans-Jörg Sander

Mit 37 Tabellen, 7 Abbildungen, einer englischen
und einer spanischen Zusammenfassung

In Kommission bei

FERD. DÜMMLERS VERLAG · BONN

Dümmlerbuch 7556

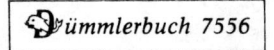

Als Habilitationsschrift auf Empfehlung des Rektors
der Pädagogischen Hochschule Rheinland
gedruckt mit Unterstützung der Deutschen Forschungsgemeinschaft

Alle Rechte vorbehalten

ISBN 3-427-75561-4

© 1977 Ferd. Dümmlers Verlag, 5300 Bonn 1
Herstellung: Ing. H. O. Hövelborn, 5216 Niederkassel-Mondorf

Irmgard Pohl
zum 75. Geburtstag am 23. 9. 1977
in Verehrung und Dankbarkeit
gewidmet

Vorwort

In der jüngsten Phase des Mexiko-Projekts der Deutschen Forschungsgemeinschaft sind gegenwartsbezogene Fragestellungen wie z. B. die der ländlichen Sozialstruktur in den Vordergrund getreten. Die vorliegende Arbeit, die im Rahmen dieses Projekts entstand, versucht mit Hilfe empirischer Methoden die aktuelle sozialökonomische Entwicklung der kleinbäuerlichen Bevölkerung im Projektsgebiet zu erforschen. Das geschieht mit Hilfe eines sozialökonomischen Klassifikationsmodells, welches sich auf Grund umfassender Stichproben- und erster systematischer Dorfuntersuchungen zu Beginn meiner Projektsmitarbeit hatte entwerfen lassen. Zum einen erfüllt dieses Klassifikationsmodell ordnende Funktion gegenüber den vielfältigen Erscheinungsformen kleinbäuerlicher Existenzen in der Region Puebla-Tlaxcala. Darüber hinaus ist damit die Intention verbunden, den offensichtlich auch im ländlichen Raum präsenten Differenzierungsprozeß der mexikanischen Gesellschaft von einer undifferenzierten Agrargesellschaft zu einer differenzierten Industriegesellschaft mit Hilfe eines sozialökonomischen Entwicklungsmodells zu beschreiben.

Auf vorausgehende empirische Untersuchungen über diesen Differenzierungsprozeß in der mexikanischen ländlichen Bevölkerung kann man bisher kaum zurückgreifen. Auch das statistische Material bietet für den in dieser Untersuchung geforderten Maßstab nicht die nötigen Voraussetzungen. Um den erschwerten Bedingungen bei der Materialbeschaffung Rechnung zu tragen, stehen deshalb am Anfang dieser Studie einige methodologische Vorüberlegungen und Entscheidungen.

Für den erfolgreichen Abschluß der vorliegenden Untersuchung schulde ich zahlreichen Kollegen, Freunden und Bekannten großen Dank. An erster Stelle danke ich Herrn Prof. LAUER, dem Vorsitzenden des Mexiko-Projekts, der mir die Mitarbeit im Projekt ermöglichte und mein Vorhaben entscheidend förderte. Bei der

Einarbeitung in die speziellen sozialgeographischen Fragestellungen war mir Herr Prof. TICHY (Erlangen) sehr behilflich. Er sorgte auch für die Einordnung meines Arbeitsthemas in die übrigen kulturwissenschaftlichen und kulturgeographischen Fragestellungen des Projekts und für die Absprache insbesondere mit den Herren Professoren PFEIFER (Heidelberg), GORMSEN (Mainz), SEELE (Vechta) und NICKEL (Freiburg).

Herrn Prof. HAHN, meinem akademischen Lehrer, danke ich für zahlreiche Anregungen und beratende Gespräche. Für viele anregende Diskussionen und ihr ständiges Interesse am Fortgang der Untersuchungen, nicht zuletzt auch für die wiederholten Beurlaubungen, danke ich ganz besonders Frau Prof. POHL, Frau Prof. SCHLARB und Herrn Dr. WENZEL, welche für mich die Vertretung in der wissenschaftlichen Verwaltung und während eines Semesters auch im Lehrangebot übernahmen.

In Mexiko waren mir bei der Durchführung der Feldarbeiten meine Begleiter GABRIEL AGUIRRE BELTRÁN, MARTÍN und TERESA REINARTZ sowie ALBERTO MENA (alle Puebla) behilflich. Sie wirkten oftmals unter Einsatz persönlicher Risiken bei der Erhebung ländlicher Strukturdaten mit. Nicht zuletzt ist es auch der (verständlicherweise nicht immer leicht zu gewinnenden) Auskunftsbereitschaft der mexikanischen Landbevölkerung zu verdanken, wenn sich mit den umfangreichen Befragungen das gewünschte Ziel erreichen ließ.

Den Herausgebern der BONNER GEOGRAPHISCHEN ABHANDLUNGEN danke ich herzlich für die Aufnahme der Arbeit in ihre Schriftenreihe, der DEUTSCHEN FORSCHUNGSGEMEINSCHAFT für die Bereitstellung der erforderlichen Mittel, die zur Durchführung der Forschungsreisen sowie zum Druck des Manuskripts notwendig waren.

Bonn, im April 1977

Der Verfasser

Inhaltsverzeichnis

	Seite
A. Einführung in den Gegenstand und die Methode der Untersuchung	1
I. Ziel der Untersuchung	1
II. Charakterisierung des Untersuchungsgebietes	3
III. Die sozialökonomische Klassifikation im industriestaatlichen Bereich	9
IV. Zum Stand der sozialökonomischen Klassifikationsforschung in Mexiko, dargestellt an einem ihrer bedeutendsten Repräsentanten, R. STAVENHAGEN	11
V. Entwicklung eines sozialökonomischen Klassifikationsmodells, anwendbar auf das Untersuchungsgebiet	15
1. Erprobung eines industriegesellschaftlichen Klassifikationssystems im Untersuchungsgebiet	15
2. Entwicklung eines sozialökonomischen Klassifikationsmodells	20
B. Durchführung der sozialökonomischen Klassifikation	27
I. Auswahl der Untersuchungsgemeinden	27
II. Die räumlich und sozial peripher gelegene landwirtschaftliche Subsistenzgemeinde ohne Anzeichen zu beruflicher Mobilität und sozialem Wandel: Xicoténcatl	30
Die Anwendbarkeit des sozialökonomischen Klassifikationsmodells	40
Zusammenfassung der Ergebnisse	45
III. Die räumlich und sozial peripher gelegene Subsistenzgemeinde mit beginnendem Wandel der Berufs- und Sozialstruktur: Benito Juárez	46

Die Anwendbarkeit des sozialökonomischen
Klassifikationsmodells auf die Situation im
Jahre 1971   50
Strukturwandlungen bis zum Jahre 1974   51
Gewerblich-ländliche soziale Schichtenbildung   55
Die Anwendbarkeit des sozialökonomischen
Klassifikationsmodells auf die Situation im
Jahre 1974   60
Sozialökonomische Klassifikation   63
Zusammenfassung der Ergebnisse   64

IV. Die ländliche Gemeinde mit stabiler landwirtschaftlicher
Einkommensstruktur: Xalcaltzingo   66
Methodische Vorbemerkung   66
Sozialökonomische Klassifikation   74
Die Familien mit 2 erwerbstätigen Personen   76
Die Familien mit 3 erwerbstätigen Personen   81
Das quantifizierte sozialökonomische Klassifikations-
modell und die sozialökonomische Struktur von
Xalcaltzingo   84
Zusammenfassung der Ergebnisse   87

V. Die ländliche Gemeinde mit relativ stabiler
landwirtschaftlicher Einkommensstruktur:
Atlamaxac   89
Sozialökonomische Klassifikation   93
Die Familien mit 2 erwerbstätigen Personen   95
Die Familien mit 3 und 4 erwerbstätigen Personen   98
Das quantifizierte sozialökonomische Klassifikations-
modell und die sozialökonomische Struktur von
Atlamaxac   101
Zusammenfassung der Ergebnisse   102

VI. Die großstadtnahe ländliche Bauern- und
Arbeitergemeinde: San Juan   104
Sozialökonomische Klassifikation   110
Die Familien mit 2 erwerbstätigen Personen   119
Die Familien mit 3 erwerbstätigen Personen   128
Die Familien mit 4 erwerbstätigen Personen   131

Das quantifizierte sozialökonomische Klassifikations-
modell und die sozialökonomische Struktur von
San Juan (Vergleichende Interpretation der Ergebnisse) 132
Zusammenfassung der Ergebnisse 140

C. Zur Sozialräumlichen Gliederung des Projektsgebietes 145
I. Räumliche (metrische) und kommunikative Distanzen 146
II. Das NICKELsche Kommunikationsmodell 152
III. Grundgedanken zu einer künftigen sozialräumlichen
Gliederung des Projektsgebietes 154

Englische Zusammenfassung – Summary 157
Spanische Zusammenfassung – Resumen 161

Literaturverzeichnis 165

Anhang 171
Tabellen: I, II, III
Fragebogen

Verzeichnis der Tabellen

Tabelle	Seite
1 Das RÖHMsche sozialökonomische Klassifikationssystem (vereinfacht)	10
2 Das sozialökonomische Klassifikationsmodell (welches dieser Untersuchung zugrundeliegt)	21
3 Zensusdaten von Xicoténcatl 1970	30
4 Ausgewählte Strukturdaten von Xicoténcatl (nach der Aufnahme von 1971)	33
5 Das erweiterte sozialökonomische Klassifikationsmodell (Typ Xicoténcatl)	43
6 Zensusdaten von Benito Juárez 1970	46
7 Ausgewählte Strukturdaten von Benito Juárez (nach der Aufnahme von 1971)	49
8 Das erweiterte sozialökonomische Klassifikationsmodell (Typ Benito Juárez)	62
9 Zensusdaten von Xalcaltzingo 1970	67
10 Geschätzte Einkommensstruktur der landwirtschaftlichen Familien mit einer erwerbstätigen Person in Xalcaltzingo 1974	75
11 Die Berufsstruktur der Familien mit zwei erwerbstätigen Personen in Xalcaltzingo 1974	77
12 Die Einkommensstruktur der landwirtschaftlich-nichtlandwirtschaftlichen Familien mit zwei erwerbstätigen Personen in Xalcaltzingo 1974	79
13 Die sozialökonomische Struktur der Familien mit zwei erwerbstätigen Personen in Xalcaltzingo 1974	81
14 Die Einkommensstruktur der landwirtschaftlich-nichtlandwirtschaftlichen Familien mit drei erwerbstätigen Personen in Xalcaltzingo 1974	83

15	Die sozialökonomische Struktur der Familien mit drei erwerbstätigen Personen in Xalcaltzingo 1974	84
16	Die sozialökonomische Struktur von Xalcaltzingo 1974	85
17	Zensusdaten von Atlamaxac 1970	90
18	Geschätzte Einkommensstruktur der landwirtschaftlich-nicht-landwirtschaftlichen Familien mit einer erwerbstätigen Person in Atlamaxac 1974	94
19	Die Berufsstruktur der Familien mit zwei erwerbstätigen Personen in Atlamaxac 1974	95
20	Die Einkommensstruktur der landwirtschaftlich-nichtlandwirtschaftlichen Familien mit zwei Erwerbspersonen in Atlamaxac 1974	97
21	Die sozialökonomische Struktur der Familien mit zwei erwerbstätigen Personen in Atlamaxac 1974	98
22	Die sozialökonomische Struktur von Atlamaxac 1974	100
23	Zensusdaten von San Juan 1970	104
24	Die landwirtschaftliche Einkommensstruktur der landwirtschaftlichen Familien mit einer erwerbstätigen Person in San Juan 1974	111
25	Die sozialökonomische Struktur der Familien mit einer erwerbstätigen Person in San Juan 1974	119
26	Die Einkommensstruktur der Eigenland-Familien mit zwei erwerbstätigen Personen in San Juan 1974	120
27	Die sozialökonomische Struktur der Eigenland-Familien mit zwei erwerbstätigen Personen in San Juan 1974	124
28	Die Einkommensstruktur der Ejidofamilien mit zwei erwerbstätigen Personen in San Juan 1974	125
29	Die sozialökonomische Struktur der Ejidofamilien mit zwei erwerbstätigen Personen in San Juan 1974	127
30	Die Einkommensstruktur der Eigenland- und Ejidofamilien mit drei erwerbstätigen Personen in San Juan 1974	129
31	Die sozialökonomische Struktur der Familien mit drei erwerbstätigen Personen in San Juan 1974	130
32	Die Einkommensstruktur der Eigenlandfamilien mit vier erwerbstätigen Personen in San Juan 1974	131

33	Die sozialökonomische Struktur der Familien mit vier erwerbstätigen Personen in San Juan 1974	132
34	Die sozialökonomische Struktur von San Juan 1974	134
I	Zur Wirtschafts- und Sozialstruktur von Xalcaltzingo	171
II	Zur Wirtschafts- und Sozialstruktur von Atlamaxac	171
III	Zur Wirtschafts- und Sozialstruktur von San Juan	171

Verzeichnis der Abbildungen

Abb.		Seite
1	Übersichtskarte des Untersuchungsgebietes	4
2	Idealtypisches Profil des Hochbeckens von Puebla-Tlaxcala	6
3	Sozialökonomische Stichprobenuntersuchungen im Projektsgebiet und Lage der Untersuchungsgemeinden	28
4	Metrisches Distanzmodell	147
5	Kommunikatives Distanzmodell	149
6	Das Verhältnis der Analphabeten zur Gesamtbevölkerung pro Munizip 1960	150
7	Das Zentrum-Peripherie-Modell nach NICKEL (1971)	152

A EINFÜHRUNG IN DEN GEGENSTAND UND DIE METHODE DER UNTERSUCHUNG

I. Ziel der Untersuchung

Die vorliegende Untersuchung ist ein Beitrag im Rahmen des Mexiko-Projektes der Deutschen Forschungsgemeinschaft. Ihre Ergebnisse dienen dem Ziel, an der Erforschung der Region von Puebla-Tlaxcala mitzuwirken, und zwar im Hinblick auf die gegenwärtige Sozialstruktur der ländlichen Bevölkerung. Die Durchführung der dazu erforderlichen Geländeuntersuchungen und die Auswertung der gesammelten Materialien standen unter dem Arbeitstitel I. Sozialökonomische Klassifikation der ländlichen Bevölkerung und II. Sozialräumliche Gliederung des Projektsgebietes. Es handelt sich dabei um zwei Problemstellungen, die nicht unbedingt miteinander verwandt sind. Die eine richtet sich auf die *vertikale* sozialökonomische Differenzierung der ländlichen Bevölkerung, die andere auf die *horizontale* sozialräumliche Gliederung des Projektsgebietes. Wenn beide Probleme in der vorliegenden Analyse jedoch in einem engen Zusammenhang gesehen werden, so deshalb, weil die Ergebnisse der Untersuchung einige Erkenntnisse anbieten, die für die im Rahmen des Projekts ebenfalls interessante Frage der sozialräumlichen Gliederung von Belang sind.

Ein solches Regionalisierungsvorhaben kann jedoch nicht am Beginn sozialgeographischer Forschungsbemühungen in einem Gebiet stehen, in dem von den sozialen Differenzierungsabläufen der ländlichen Bevölkerung noch so gut wie keine Vorkenntnisse bestehen. Das Hauptziel der vorliegenden Untersuchung ist es deshalb, diesem Mangel mit Hilfe eines empirisch abgesicherten detaillierten sozialökonomischen Klassifikationsmodells der kleinbäuerlichen Bevölkerung im Projektsgebiet abzuhelfen. Darüber hinaus dient der Schlußteil der Arbeit dem Versuch, die

Ergebnisse, welche sich aus den Untersuchungen zur sozialökonomischen Klassifikation gewinnen lassen, in eine — zunächst noch theoriebezogene — Diskussion über die Möglichkeiten einer sozialökonomischen Regionalisierung einzubringen.

Für den Hauptteil der Untersuchung erwiesen sich die Frage der Maßstabsebene, auf der sozialökonomische Klassifikation durchgeführt werden soll, und die Materialbeschaffung als die wesentlichen Schwierigkeiten. Da die gesellschaftlichen Differenzierungsabläufe im Kern erfaßt werden sollten, war die sozialökonomische Bezugseinheit möglichst klein zu wählen. Ohne dieser Diskussion im einzelnen vorzugreifen, kann gesagt werden, daß sich die Familie als die adäquate sozialökonomische Einheit erwies. Da jedoch die mexikanische amtliche Statistik, wie man es kaum in einem Staat der Erde anders erwarten kann, kein ausreichendes Material für eine solche Untersuchung bereithält, ergaben sich daraus für das weitere methodische Vorgehen folgende Konsequenzen: 1. Das erforderliche Material mußte in eigener Erhebung, d. h. in Form von Ortsbegehungen und Befragungen von Haus zu Haus gewonnen werden. 2. In Ermangelung flächendeckenden statistischen Materials konnte die Untersuchung von Anfang an nicht darauf angelegt werden, repräsentativ zu sein, was in einem frühen Stadium zu Generalisierung, Typisierung, Abstrahierung und Zuhilfenahme von Modellen zwingt.

Methodisch orientiert sich die Analyse an einem sozialökonomischen Klassifikationsmodell, welches das Ergebnis einer ersten Erkundungsstudie im Jahre 1971 in Mexiko war. Am Beispiel der einzelnen Dorfuntersuchungen wird es qualitativ verfeinert und für die quantitative Datenaufnahme verwendbar gemacht. Es stellt eine Hilfskonstruktion für die Beobachtung bestimmter sozialökonomischer Erscheinungsformen und Wandlungsabläufe dar. Nicht zuletzt soll es auch als Mittel zum Vergleich mit den Entwicklungsgängen in den ländlichen Gebieten der bereits industrialisierten Staaten dienen, die ja das ursprüngliche Erprobungsfeld des Forschungszweiges „sozialökonomische Klassifikation" sind.

Die Untersuchungsbasis bilden fünf unter einem bestimmten Kriterienschlüssel ausgewählte Dörfer aus dem näheren und ferneren Umland der Großstadt Puebla (402000 E., 1970). Untersuchungszeitpunkte sind das zweite Halbjahr 1971 und der Spätsommer 1974. Zwei Dörfer, Xicoténcatl und Benito Juárez, wurden sowohl 1971 als auch 1974 untersucht, so daß die Strukturdaten direkt miteinander vergleichbar sind.

II. Charakterisierung des Untersuchungsgebietes

Das Untersuchungsgebiet ist das Hochbecken von Puebla-Tlaxcala (s. Abb. 1, S. 4), welches im Winter 1962/63 von den Initiatoren des Mexiko-Projektes der DFG zum Arbeitsgebiet ausgewählt worden ist. Es ist wiederholt ausführlich beschrieben worden (PFEIFER 1964, TICHY 1968, u. a.), so daß es sinnvoll erscheint, hier nur auf die im Zusammenhang mit unserer Fragestellung interessierenden Strukturzüge einzugehen.

Naturgeographisch gliedert sich das Projektsgebiet in
— den Kernraum der fruchtbaren Schwemmlandebene von Río Zahuapan und Río Atoyac mit einer durchschnittlichen Höhe von 2200 m über dem Meeresspiegel,
— den randlichen Anstieg des Beckens, welcher im Osten von der Vulkanruine Malinche und im Westen von den Hängen der überragenden Vulkane Popocatépetl und Ixtaccíhuatl, im Norden vom Block von Tlaxcala gebildet wird,
— die Vulkane selbst, die das Becken nach Osten und Westen abschließen. Nach Norden hat diese Funktion der genannte Block von Tlaxcala mit einer um 200 bis 300 m über dem Beckeninneren ansteigenden Höhenstufe inne; nach Süden ist es zur Balsas-Senke hin nicht streng abgeschlossen.

Klimatisch stellt das Becken, verglichen mit anderen tropisch-subtropischen Höhengebieten, einen Gunstraum mit einer mittleren Januartemperatur von 14 °C und einer Amplitude der mittleren Monatstemperatur von nur 5,6 °C (in Puebla) dar (TICHY 1968 (a), S. 14 ff.). Zu den Rändern des Beckens hin verschlechtern sich diese recht günstigen Klimawerte rasch. In den nur einige hundert Meter höher liegenden Dörfern Xicoténcatl (2550 m) und Benito Juárez (2600 m), über die im weiteren Text noch ausführlicher die Rede sein wird, haben sich Versuche mit Obst- und Ge-

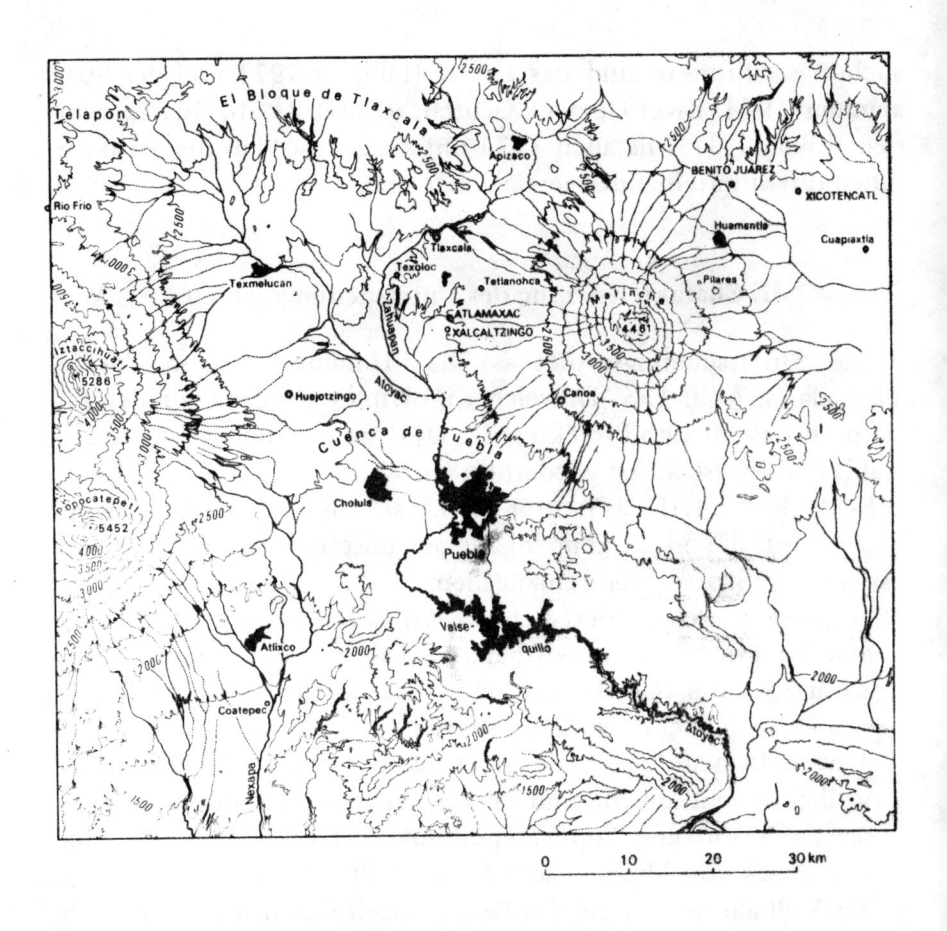

Abb. 1: Übersichtskarte des Untersuchungsgebietes

müsekulturen wegen der bis in den Mai hineinreichenden Nachtfröste als Fehlschlag erwiesen. Aber auch das innere Becken weist wenig subtropische Vegetation auf, weil es den ständigen Kaltlufteinbrüchen von Norden her (Nortes) ausgesetzt ist, die bereits Extremtemperaturen bis unter − 12 °C in das Gebiet getragen haben.

Die beherrschende Stadt des Gebietes ist Puebla, die Hauptstadt des gleichnamigen Bundesstaates, mit 402000 Einwohnern (nach der Statistik von 1970). Sie ist durch eine schnelle Autobahn mit der 120 km entfernt liegenden Bundeshauptstadt Ciudad de México (2 903000 Einwohner, 1970) verbunden, die außerhalb des Projektsgebietes im westlich benachbarten Hochtal von Mexiko liegt. Für das Hochbecken von Puebla-Tlaxcala hat Puebla die dominierende zentrale Funktion, obwohl noch eine zweite Landeshauptstadt, die des nördlich benachbarten Bundesstaates Tlaxcala, im Projektsgebiet liegt. Die Stadt Tlaxcala verfügte 1970 über 10000 Einwohner. Von entsprechender Bedeutungslosigkeit ist ihre administrative, kulturelle und wirtschaftliche Ausstrahlungskraft. Auch für mexikanische Verhältnisse ist der Staat Tlaxcala, dessen Existenz nur historisch erklärbar ist, ein wirtschaftliches Problemgebiet. Die Pendler- und Migrationsströme seiner Bevölkerung verlaufen, sofern nicht direkt auf die Bundeshauptstadt Mexiko gerichtet, hinüber in den gewerbestarken Nachbarstaat Puebla, insbesondere seine Hauptstadt, welche über eine traditionsreiche, gut entwickelte Textilindustrie verfügt und seit über 10 Jahren auch Standort des sehr erfolgreichen mexikanischen VW-Werkes ist. Allein schon wegen dieses besonders ausgeprägten wirtschaftlichen und sozialen Süd-Nord-Gefälles dürfte es bei allen mit diesen Fragestellungen beschäftigten Untersuchungen naheliegen, entlang dieser Profillinie vorzugehen.

Landwirtschaftlich ist das Hochbecken eine große Maiskornkammer, durchsetzt von Obst- und Gemüsekulturen im zentralen Bereich und Viehweiden und Maguey-Agaven-Anbau an den Rändern. Das idealtypische Profil (Abb. 2, S. 6, nach NICKEL 1968), welches Angaben zur agrargeographischen Gliederung (nach SEELE 1967) mit Daten zur sozialökonomischen und betriebswirtschaftlichen Struktur der Region verbindet, läßt die Nutzungszonen des Beckens klar erkennen. Die zentrale Schwemmlandebene stellt den bevorzugten Siedlungsraum der Bevölkerung mit intensivster Nutzung (künstliche Bewässerung) bei kleinsten landwirtschaftlichen Betriebseinheiten dar. Die Bewirtschaftung dient überwiegend der Marktproduktion. Zu den Rändern hin nehmen die Betriebsgrößen zu. Hier überwiegt der Anbau von Mais, zusammen mit anderen Getreidesorten; speziell am Malinchehang treten Maguey-Agavenkulturen hinzu, die der Gewinnung von Pulque dienen. Die höheren Hänge der Vulkane bis etwa 3500 m werden als Waldweide genutzt. Der Holzeinschlag ist zwar wegen der beängstigend weit fortgeschrittenen Erosion der vom Höhen-

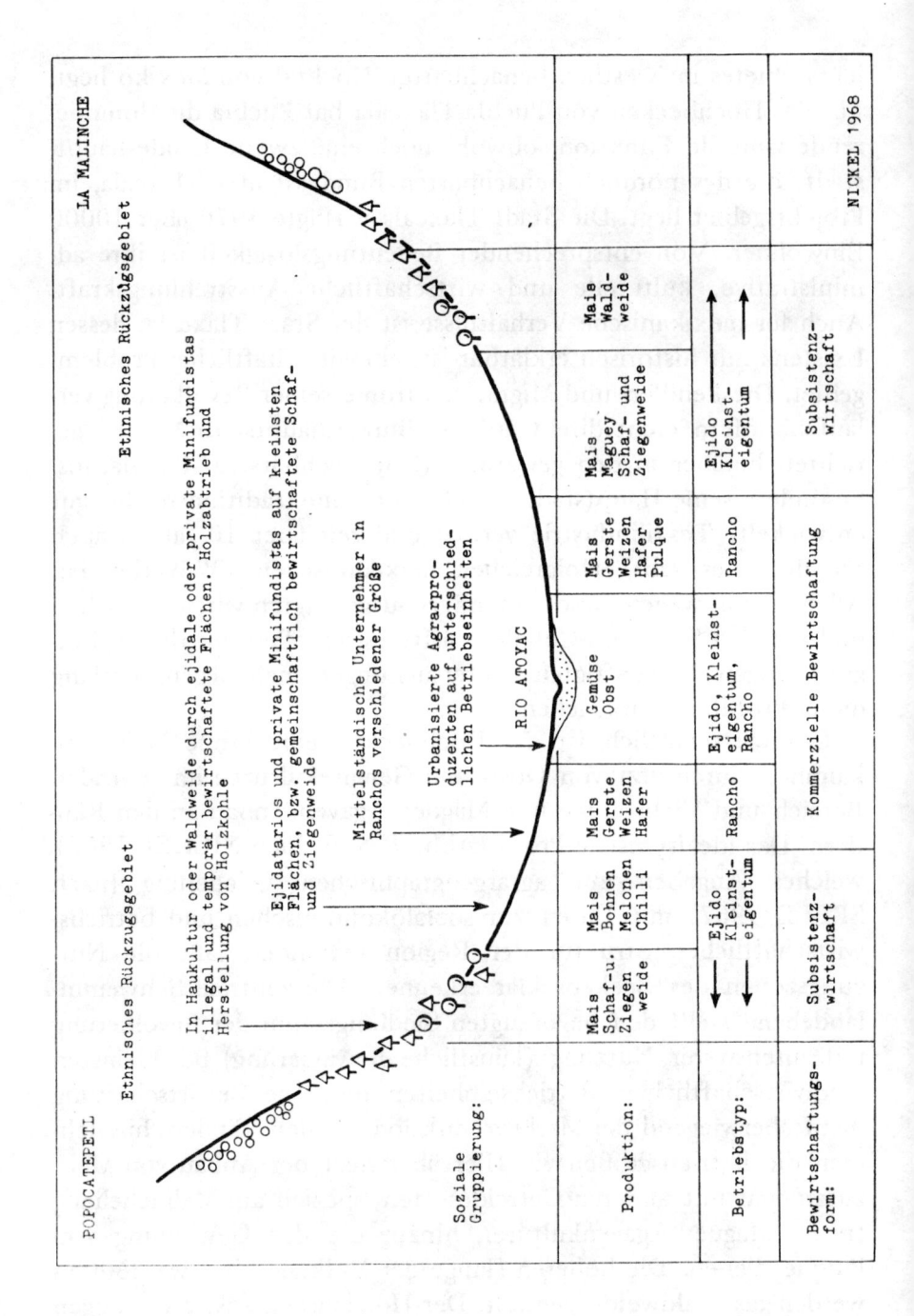

Abb. 2: Idealtypisches Profil des Hochbeckens von Puebla-Tlaxcala

wald gelichteten Berghänge verboten, aber für viele Menschen bedeutet die so betriebene Holz- und Holzkohlegewinnung die einzige Erwerbsquelle.

Das Spektrum der Sozialgruppen und Betriebstypen im Agrarbereich ist sehr differenziert. Zu den sozialen Gruppen im kleinbäuerlichen Bereich, auf den sich diese Untersuchung im wesentlichen konzentriert, gehören die Campesinos, Ejidatarios und Peones. Campesino (von span. campo — das Land) ist die Sammelbezeichnung für alle Menschen im kleinbäuerlichen Bereich, die von der Landbewirtschaftung leben. Im Gegensatz dazu gehören die Besitzer von Ranchos und Haciendas (Mittel- und Großbetriebe) nicht zu dieser Gruppe; ihre soziale Standesbezeichnung ist Ranchero bzw. Hacendado. Der Flächenanteil dieser höheren Betriebsgrößenklassen ist heute noch immens, obwohl durch die Mexikanische Revolution (1910—1917) das Latifundiensystem als abgeschafft gilt und gesetzlich der Kleinbesitz begünstigt wird. Auch in der Region Puebla-Tlaxcala sind noch eine Reihe von Rest-Haciendas vorhanden. Die heutigen Eigentumsrechte der ehemaligen Haciendas sind nicht selten umstritten, und zwar vor allem zwischen den Eigentümern und den Ejidatarios.

Die Ejidatarios, die Besitzer des Ejidolandes, sind diejenigen Campesinos, denen das durch die Zerschlagung des Latifundiensystems gewonnene Land zur Bewirtschaftung übertragen worden ist. Der Grundstein des Ejidowesens als einer Art gemeinschaftlichen Zusammenschlusses war im vorkolonialen Mexiko bereits in Form des indianischen Kommunaleigentums gelegt worden. Die Rechte auf diesen Besitz waren dem Landvolk nach und nach, teils legal, teils durch umstrittene Methoden abgerungen worden, so daß die Wiederherstellung dieser Besitzansprüche ein zentrales Ziel der Agrarrevolution war. Seit der Agrarrevolution und im Rahmen der bis heute anhaltenden institutionalisierten Agrarreform sind 60,3 Millionen ha (1970), davon 11,2 Millionen ha agrarisch genutzt, an etwa 2,5 Millionen Ejidofamilien vergeben worden.

Gegenüber den Eigenland-Campesinos sind die Ejidatarios rechtlich benachteiligt. Der Staat überläßt ihnen die Ejidoparzellen nur zur Nutzung, so daß beispielsweise die hypothekarische Belastbarkeit bei allen für die Betriebsintensivierung notwendigen Investitionen entfällt. Das Recht auf Verpachtung oder gar Verkauf ist ihnen vorenthalten; die Erträge auf den Ejidoparzellen unterschreiten in der Regel diejenigen von vergleichbaren Eigenlandparzellen.

In einigen Teilen unseres Untersuchungsgebietes wendet sich der Zorn der Ejidatarios nicht nur gegen die ihrer Meinung nach zu schonungsvolle Behandlung der Hacendados und Rancheros durch die Staatsbehörden in der Enteignungsfrage, sondern auch gegen die behördliche Verfahrensweise bei der Ausweisung von Gewerbeland auf Kosten von Ejidatarios. So erfreut sich das Volkswagenwerk nicht ungeteilter Sympathie bei der ländlichen Bevölkerung, weil es z. T. auf Ejidoland errichtet worden ist, für das die Entschädigungen entweder gar nicht gezahlt worden sein sollen oder nur zögernd und unvollständig bei den Vertriebenen angekommen sind (nach Befragungsergebnissen).

Unter Peones verstand man vor der Agrarrevolution die besitzlosen und häufig durch Verschuldung an eine Hacienda gebundenen Landarbeiter. Trotz der Abschaffung der Schuldknechtschaft (peonaje, vgl. NICKEL 1976) und beträchtlicher Landzuweisungen im Zuge der Agrarreform konnte diese Gruppe sozial nicht vollkommen integriert werden. Noch heute verbindet sich mit der Bezeichnung Peón ein soziales Vorurteil; zumindest im wissenschaftlichen Sprachgebrauch ist die neutrale Bezeichnung „jornalero agrícola" üblich geworden (vgl. STAVENHAGEN 1967), deren Übersetzung etwa „landwirtschaftlicher Tagelöhner" oder „Landarbeiter" lautet.

Landarbeiter, z. T. ohne jeglichen eigenen Landbesitz, sind im Untersuchungsgebiet vor allem in den randlichen Teilen zu finden, wo ein geringes Arbeitsplatzangebot zur Annahme jeder sich bietenden Beschäftigungsmöglichkeit zwingt. Begünstigt sind diejenigen Dörfer, die an Ranchos und Rest-Haciendas grenzen, wo besonders während der Erntezeit ein beträchtlicher Personalbedarf besteht. Ein weiteres Verwendungsfeld für beschäftigungslose Landarbeiter hat sich in den letzten Jahren durch den zunehmenden Absentismus kleiner und mittlerer Landbesitzer eröffnet, die in außerlandwirtschaftlichen Beschäftigungsverhältnissen günstigere Einkommensquellen gefunden haben. Diese Entwicklung hat auch vor dem Ejidowesen nicht haltgemacht, wo solche Erscheinungen nach dem Rechtsstatus eigentlich nicht zulässig sind (vgl. dazu auch NICKEL, 1974). Auch in einigen unserer Untersuchungsgemeinden werden solche Beispiele zu beschreiben sein.

1967 wurde die Gesamtzahl der landlosen Campesinos in Mexiko von STAVENHAGEN auf 2—3 Millionen geschätzt. Damit ist die Größenordnung des Problems umrissen. Nach wie vor bilden die Tagelöhner die ländliche Unterschicht; angesichts des erdrückenden Überangebots ihrer Arbeitskraft besteht keine Aussicht auf Besserung der Situation. Sogar in stadtnahen Gegenden unseres Untersuchungsgebietes wurden die gesetzlich garantierten Mindestlöhne von 30.— Peso pro Tag (= etwa DM 6,— im Jahre 1974) selten erreicht. Landwirtschaftliche wie sonstige Hilfsdienste sind das übliche Betätigungsfeld dieser Bevölkerungsgruppe. Sie befindet sich noch in einem sozialökonomischen Stadium, in dem ihr Bemühen weniger auf den sozialen Aufstieg als auf das Überleben selbst gerichtet ist.

III. Die sozialökonomische Klassifikation im industriestaatlichen Bereich

Das Ziel des Forschungszweiges „sozialökonomische Klassifikation" ist es, den sozialökonomischen Differenzierungsprozeß von der vorindustriellen Agrargesellschaft zur arbeitsteiligen, hochspezialisierten Industriegesellschaft zu beschreiben und klassifikatorisch zu erfassen. Modellfall für diesen Entwicklungsgang ist die Industriegesellschaft Europas und Angloamerikas, die innerhalb der letzten 200 Jahre seit der Industriellen Revolution einen Differenzierungsprozeß sondergleichen durchlaufen hat und ihm weiterhin unterliegt. Er wird solange nicht zu Ende sein, wie der Mensch in Gemeinschaft zusammenlebt und gesellschaftbildend wirkt. Die Klassifikation, d. h. die Beschreibung der einzelnen sozialökonomischen Differenzierungsformen erfolgt durch Stufung oder Schichtung dieses an sich kontinuierlich ablaufenden Entwicklungsprozesses.

Als Beispiel für ein agrarisch orientiertes Klassifikationssystem mag die RÖHMsche „Sozialökonomische Klassifikation landbesitzender Familien" aus dem Jahre 1957 gelten. Dieses System versucht den sozialökonomischen Standort innerhalb des agrarisch-industriellen Differenzierungsprozesses zu bestimmen, indem es Angaben über den Grad der Bodenbezogenheit der entsprechenden Sozialgruppen macht. Der Grad der Bodenbezogenheit läßt sich quantifiziert durch die Zusammensetzung des Einkommens aus landwirtschaftlicher und nicht-landwirtschaftlicher Arbeit ausdrücken. Alle Einkommensgruppen, die über 50 % ihres Einkommens aus der Bodenbearbeitung beziehen, werden der haupterwerblichen Landwirtschaft zugeordnet. Diejenigen Gruppen, deren landwirtschaftliches Einkommen unter 50 % des Gesamteinkommens liegt, tragen je nach Prozentanteil die Bezeichnung „Nebenerwerbslandwirt, Freizeitlandwirt" usw. Die außerlandwirtschaftlichen Berufsgruppen sind nicht weiter untergliedert, so daß einzelne Differenzierungsformen im sekundär- und tertiärwirtschaftlichen Bereich nicht erfaßt werden, was mit diesem System auch nicht beabsichtigt ist. Sie können von Fall zu Fall untersucht werden, oder ein industriell orientiertes Klassifikationssystem würde hier das agrarische ablösen.

Tabelle 1: Das RÖHMsche sozialökonomische Klassifikationssystem (vereinfacht)

soz.-ök. Klasse	Betriebstyp
I – III	Hauptberufliche Landwirtschaft
I	Landw. Vollerwerbsbetriebe
II	Landw. Übergangsbetriebe
III	Landw. Grenzbetriebe
IV – VI	Nebenberufliche Landwirtschaft
IV	Landw. Nebenerwerbsbetriebe (mit Differenzierungen)
V	Landw. Freizeitbetriebe (mit Differenzierungen)
VI	Landbesitzer ohne landwirtschaftliche Marktproduktion (mit Differenzierungen)

Es leuchtet ein, daß dieses System wegen seiner Einfachheit auf Anhieb sehr klare und übersichtliche Klassifizierungen von Agrargesellschaften ermöglicht. Es hat auch eine nennenswerte Verbreitung in der agrar- und sozialgeographischen Forschung gefunden.

Bevor im Rahmen dieser Untersuchung die Entscheidung gefällt werden kann, ob dieses Klassifikationsmodell auch als methodische Richtschnur im mexikanischen Agrarraum Verwendung finden kann, zunächst ein Blick auf einige mexikanische Stimmen zu diesem Komplex.

IV. Zum Stand der sozialökonomischen Klassifikationsforschung in Mexiko, dargestellt an einem ihrer bedeutendsten Repräsentanten, Rodolfo STAVENHAGEN

Zu den prominenten mexikanischen Autoren auf dem Gebiet der Agrarsoziologie und Sozialanthropologie gehört R. STAVENHAGEN. In seiner Schrift „Las Clases Sociales en las Sociedades Agrarias" (^{5}1973) setzt er sich mit dem Problem der *sozialen* Klassifikation, welche nahezu gleichbedeutend mit der sozialökonomischen Klassifikation ist, auseinander. Einleitend diskutiert er das Problem, welches in dem Spannungsverhältnis von Theorie und Praxis im sozialwissenschaftlichen Bereich liegt. Er stellt alles klassifikatorische Bemühen als die Projizierung eines theoretischen Konzeptes auf den realen gesellschaftlichen Zustand dar. Mit Recht weist er darauf hin, daß die soziale Klasse nicht eine in der Wirklichkeit existierende gesellschaftliche Einheit ist, sondern als Hilfsbegriff aus wissenschaftlichen Gründen zur Beschreibung und Erfassung des Phänomens „menschliche Gesellschaft" geschaffen worden ist. Mit diesen Überlegungen begründet STAVENHAGEN die Notwendigkeit, mit äußerster Sorgfalt an diese für vorkapitalistische Länder, wie er die Agrarländer gern bezeichnet, bisher noch wenig erforschte Fragestellung heranzugehen. STAVENHAGEN warnt vor einer unkritischen Übertragung industriestaatlicher Klassifikationskriterien auf die Länder der Dritten Welt: Der Forschungsgegenstand sei, wie der Industrialismus selbst, aus den Industrieländern importiert worden, und er sei kein ureigenes Problem der Agrarländer. Trotz der in diesen Passagen unüberhör-

bar mitschwingenden negativen Kritik an solchen „Importgütern" nimmt STAVENHAGEN diese Überlegungen weder zum Anlaß, den Forschungsgegenstand „Soziale Klassifikation" für Mexiko gänzlich abzulehnen noch eine völlig neue, nur für Mexiko verwendbare Klassifikationslehre zu entwickeln, sondern er übernimmt einige in Industriestaaten durchaus übliche soziale Normbegriffe wie
— das soziale Prestige des einzelnen
— die soziale Selbsteinschätzung und
— die soziale Bewertung des einzelnen von seiten der Gesellschaft.

Er erkennt jedoch klar das Problem, das mit der Quantifizierung dieser Begriffe bei der praktischen Erprobung verbunden ist. Zur Überwindung dieser Schwierigkeit schlägt er folgende Präzisierung der drei Faktoren vor:
— die Höhe des Einkommens
— die Quelle des Einkommens
— die Ausbildung
— die soziale Geltung des Berufes
— die Wohngegend
— die rassische oder ethnische Herkunft
— andere sekundäre Kriterien.

Schließlich weist STAVENHAGEN noch auf die Bezugsgröße einer solchen sozialen Klassifikation hin: Sie kann im Individuum selbst oder in der sozialen Gruppe liegen. Hinsichtlich der Definition der „sozialen Gruppe" sieht STAVENHAGEN dieselben Schwierigkeiten, deren Auftauchen gemeinhin bei der Behandlung dieser Fragestellungen beobachtet werden können.

Was an dieser Darstellung auffällt, ist die Tatsache, daß STAVENHAGEN dem „exponentiellen Bevölkerungswachstum" als Faktor, der die Vergleichbarkeit von agrar- und industriestaatlichen Entwicklungsgängen ja bekanntlich so sehr einschränkt, nur eine untergeordnete Rolle einräumt. Das dürfte gerade in Anbetracht dessen verwundern, daß das unbändige Bevölkerungswachstum in der Dritten Welt, auch in Mexiko, die Industrialisierung so dringend notwendig macht. Dort jedoch, wo industrialisiert wird, spielt sich auch sozialökonomische Differenzierung ab, und zwar in dem Sinne, daß man sich von den rein agrarischen Einkommensgrundlagen abkehrt, weil deren Reserven zur Aufnahme weiterer Arbeitswilliger samt ihrer Familien erschöpft sind.

Worauf in der mexikanischen Literatur ebenfalls nicht hingewiesen wird, ist die Tatsache, daß der sozialökonomischen Klassifikation in den Ländern der Dritten Welt eine wesentliche prognostische Rolle zufallen könnte. Indem sie den gegenwärtigen gesellschaftlichen Zustand quantifiziert zu beschreiben und in Entwicklungssequenzen zu erkennen in der Lage ist, kann sie Material zur Abschätzung künftiger sozialökonomischer Entwicklungen liefern. Auf diese Weise könnte sie als wichtiges Planungsinstrument genutzt werden. Bei Verdoppelungszeiten der mexikanischen Bevölkerung von weniger als 30 Jahren dürfte der Nutzen eines solchen Planungsinstrumentes auf der Hand liegen. Das geringe Ausmaß jedoch, in welchem es heute genutzt wird, gibt freilich zu keinen großen Hoffnungen Anlaß. Zögernd beginnt sich überhaupt erst der Gedanke einer Geburtenkontrolle zu verbreiten, ganz zu schweigen von den Schwierigkeiten, entsprechende Verhaltensweisen in der Praxis zu realisieren. Seit 1973 etwa erscheinen im mexikanischen Fernsehen Werbespots über verantwortungsbewußte Elternschaft. Es ist klar, daß damit nur ein Teil der mexikanischen Bevölkerung erreicht wird, nämlich der in Städten wohnende, der sich ohnehin schon bei höherem Lebensstandard und entsprechend geringer Kinderzahl auf dem Wege zu industriegesellschaftlichen Lebensgewohnheiten befindet. Neuesten Informationen aus Mexiko zufolge werden die Anstrengungen auf diesem Gebiet jedoch verstärkt.

An anderer Stelle in seinen Ausführungen diskutiert STAVENHAGEN in guter Kenntnis der latein- und nordamerikanischen Literatur zur Soziologie und Sozialanthropologie verschiedene Differenzierungsbeispiele für die noch ausgesprochen agrarisch orientierte lateinamerikanische Landbevölkerung zur Zeit der mexikanischen Agrarrevolution von 1915 und danach. Er referiert das sehr allgemein gehaltene Klassifikationssystem von M. DIEGUS JUNIOR (1967), das nach
1. Plantagen
2. traditionellen Latifundien oder traditionellen Haciendas,
3. Vieh-Estancias,

4. Familienbetrieben von Einwanderern und Kolonisten,
5. indianischen Subsistenzbetrieben auf Gemeindebasis und
6. Ejidobetrieben und Kleinstbetrieben

unterscheidet (STAVENHAGEN [5]1973, S. 85). Ausdrücklich erklärt er es für anwendbar auf den gesamten lateinamerikanischen Agrarsektor. Hinsichtlich der Verhältnisse in Mexiko modifiziert er jedoch dieses System, indem er auf die spezielle soziale Entwicklung im Agrarbereich seit der Agrarrevolution eingeht. Als Ergebnis kommt dabei eine Betriebsgrößenklassifizierung heraus, ohne daß damit aber genaue Aussagen zur Einkommenszusammensetzung der ländlichen Bevölkerung verbunden wären. STAVENHAGEN weist auf die allgemein bekannte Tatsache hin, daß trotz der Verbesserungen im Agrarsektor, trotz der Zerschlagung der Latifundien und der Begünstigung des Kleinbesitzes 50 % der aktiven landwirtschaftlichen Bevölkerung über keinen nutzbaren Boden verfügt. Diese Gruppe vermag er sozialökonomisch jedoch nur dadurch weiter zu untergliedern, daß er sie im wesentlichen aus Medieros (eine Art von landwirtschaftlichen Pächtern, die die Hälfte der Erträge in Naturalien dem Landherrrn als Pacht abliefern) und Tagelöhnern beschreibt. Es wäre nicht nur für unsere Zwecke von Nutzen gewesen, die Einkommensverhältnisse dieser Gruppe weiter zu verfolgen.

Einen in unserem Sinne fruchtbaren Ansatz stellt die Beschreibung der Gruppe der „ländlichen Bourgeoisie" (a. a. O., S. 95) dar. STAVENHAGEN faßt darunter alle diejenigen Landwirte mit Betriebsgrößen zwischen 25 und 100 ha zusammen, die jedoch nur 13 % des gesamten in Privatbesitz befindlichen Landes ausmachen. Es handelt sich dabei um Betriebe mit starker gewerblicher Ausrichtung, die in nennenswerter Zahl auch in unserem Untersuchungsgebiet beheimatet sind. Unter den gewerblichen Aktivitäten der Betriebsführer nennt STAVENHAGEN:
— Einzelhandelsgeschäfte (el pequeño comercio local)
— wucherischen Geldverleih (la usura) und
— den Aufkauf der Ernteprodukte (el financiamiento de los cultivos).

STAVENHAGEN nennt sie Ausbeutungseinrichtungen zu Lasten der Campesinos, was in der Regel auch den Tatsachen entspricht. Angesichts der extraktiven kolonialen Tradition in Mexiko braucht man sich nicht zu wundern, daß man auch in diesem Bereich nicht von dem heute in Industrieländern geläufigen Grundmuster gewerblichen Umgangs ausgehen kann.

Unter den hier referierten mehr oder weniger echten Klassifikationskriterien im Sinne einer agrarisch-industriellen Differenzierung dürfte die zuletzt genannte Gruppe der mittelbetrieblichen Landwirte mit Nebenerwerb dem eingangs umrissenen sozialökonomischen Klassifikationsverständnis, welches auch dem RÖHMschen Vorschlag zugrundeliegt, am nächsten kommen. Bei der Darlegung des eigenen Arbeitsansatzes wird darauf zurückzukommen sein.

V. Entwicklung eines sozialökonomischen Klassifikationsmodells, anwendbar auf das Untersuchungsgebiet

1. Erprobung eines industriegesellschaftlichen Klassifikationssystems im Untersuchungsgebiet

Aus der Diskussion der STAVENHAGENschen Literatur und anderer mexikanischer Autoren zu diesem Thema kann festgehalten werden, daß ein auf dortiger Seite entwickeltes sozialökonomisches Klassifikationssystem, das zur Verwendung im Rahmen dieser Untersuchung geeignet wäre, noch nicht zur Verfügung steht. Das legte es für das weitere methodische Vorgehen dieser Untersuchung nahe, zunächst auf ein aus dem industriestaatlichen Bereich stammendes Klassifikationssystem zurückzugreifen und es im mexikanischen ländlichen Raum zu erproben. Dies geschah nicht in der wohl kaum begründeten Hoffnung, das Problem an sich auf diese Weise lösen zu können, sondern in der Absicht, auf diesem Wege das erforderliche Ausgangsmaterial zur Entwicklung eines eigenen Arbeitsansatzes zu erzielen und bestimmte Positionen deutlicher herauszuarbeiten. Das RÖHMsche Klassifikationssystem bot für diesen Zweck unter anderen denkbaren industriestaatlichen Klassifikationssystemen relativ günstige Voraussetzungen. Denn mit dem ihm zugrundeliegenden soziokulturell wertfreien Kriterium der Bodenbezogenheit, welches keine Vorentscheidung hinsichtlich seiner Einsetzbarkeit weder in diesem noch in jenem wirtschaftlichen und gesellschaftlichen Rahmen bedeutet, fordert es nicht unbedingt die Kollosion mit den Rahmenfaktoren heraus, die die Übertragung eines industriestaatlichen sozialökonomischen Klassifikationssystems auf agrarstaatliche Verhältnisse verbieten. Um diese Faktoren noch einmal zusammengefaßt zu nennen:

1. Das exponentielle Bevölkerungswachstum, wodurch ein derartiger Druck auf die Erwerbsmöglichkeiten ausgeübt wird, daß wirtschaftlicher und sozialer Fortschritt in breiter Front und in geordneten Bahnen nahezu ausgeschlossen sind.
2. Die meist durch Kolonialismus geprägte Vergangenheit der heutigen Entwicklungsländer, die zur Verfestigung der extraktiven Strukturen von Wirtschaft und Gesellschaft geführt hat und einen Übergang in produktiv kapitalistische Entwicklungsbahnen (s. auch bei BOBEK 1959) sehr erschwert.

Dieser Test war u. a. Gegenstand meiner ersten Erhebungen in Mexiko im Jahre 1971 (Bericht darüber a. a. O. 1972). Es wurden dazu etwa 100 Stichprobenbefragungen in den einzelnen Dörfern des Projektsgebietes durchgeführt (s. dazu die Skizze der sozialökonomischen Stichprobenuntersuchungen, Abb. 3, S. 28). Die Untersuchung ging dabei von der bei RÖHM zugrundegelegten Unterscheidung zwischen Vollerwerbslandwirten und Nebenerwerbslandwirten aus. Für die Vollerwerbslandwirte lassen sich folgende beide Gruppen erkennen:

1. die marktorientierten, mit Überschüssen arbeitenden Kleinbetriebe, die die fruchtbare, wasserreiche Schwemmlandebene im Zentrum des Hochtales von Puebla-Tlaxcala bevölkern, und
2. die Subsistenzbetriebe, die in den randlichen Trockenfeldregionen des Beckens beheimatet sind.

Die marktorientierten Überschußbetriebe repräsentieren eine sozialökonomische Entwicklungsstufe, die sich aus dem Subsistenztyp weiter differenziert hat. Vorerst decken sie in der Region Puebla-Tlaxcala nur einen kleinen räumlichen Ausschnitt ab, nämlich den, welcher wegen der recht günstigen Bewässerungsmöglichkeiten eine äußerst arbeitsintensive Bodenbearbeitung zuläßt. Die zahlreichen Bewässerungsprojekte der in Trockenfeldlage befindlichen Dörfer und Betriebe beweisen jedoch, daß die marktorientierte Landwirtschaft ein weithin angestrebtes Entwicklungsziel vollberuflicher Bodenbearbeitung ist.

Von diesem wirtschaftlichen Ziel ist die Landwirtschaft besonders in den peripher gelegenen Trockenfeldgebieten noch weit entfernt. Allein zur Befriedigung elementarer Lebensbedürfnisse sind die Bauern auf landwirtschaftlichen und außerlandwirtschaftlichen Zugewinn angewiesen, der grundsätzlich anderer Art ist als derjenige, der nach der RÖHMschen Begrifflichkeit die Einleitung eines sozialökonomischen Differenzierungsprozesses auf der Basis bestimmter typischer Nebenerwerbsstufen signalisiert. Unter solchen lebensnotwendigen Einkünften rangieren
— Peonen- (landwirtschaftliche Gehilfen) Dienste,
— die wegen des ökologischen Raubbaus zwar verbotene, aber weit verbreitete Holzköhlerei,
— der Fischfang,
— der Lotterielosverkauf und jede Art von Aushilfsarbeit,
— kaum jedoch das Betteln, das eine typisch städtische Erscheinung ist.

Hinsichtlich der Grundlegung eines eigenen sozialökonomischen Klassifikationsmodells wären diese Erwerbsformen als Modifikation eines an sich nicht auf sozialökonomische Differenzierung angelegten Subsistenztyps einzuordnen.

Neben dieser Art der subsistenzerhaltenden (lebensnotwendigen) Nebeneinkünfte ist auch der weniger verbreitete, aber im RÖHMschen Sinne echte Nebenerwerb vertreten. Er äußert sich in gewerblich industriellen Einkommensformen der Betroffenen und besitzt Indexfunktionen für einen tatsächlich verlaufenden sozialökonomischen Differenzierungsprozeß. Im Projektsgebiet ist er im näheren Einzugsbereich der Industriestadt Puebla und in der Umgebung des Volkswagenwerkes zu beobachten, das in dem von Puebla eingemeindeten Dorf Almecatla liegt; ferner im Bereich der Landstraße Puebla-Tlaxcala, welche der zeilenförmigen Aufreihung der Gewerbebetriebe wegen die Bezeichnung „Industriegasse" voll verdient. Einer ungelenkten Differenzierung stellen sich hier aber verschiedene innere und äußere Hindernisse entgegen, die möglicherweise jedoch nicht repräsentativ für ganz Mexiko sind.

1. Die vormaligen Landbesitzer, die zum Verkauf ihrer Ländereien bereit waren, erhielten von den sich ansiedelnden Industriebetrieben Präferenzen zur bevorrechteten Anstellung im Betrieb eingeräumt. Dadurch gehörten sie gleichsam über Nacht der Gruppe der landlosen Industriearbeiter an. Manche aber schafften sich aus Tradition mit der Zeit wieder eine kleine Landstelle an, wodurch der Differenzierungsprozeß unterbrochen war.
2. Für die Anstellung der Facharbeiter und des Büropersonals werden nur Bewerber aus der Stadt wegen ihres besseren Ausbildungsstandes berücksichtigt, wie sich im Chancenwettbewerb generell der Stadtbewohner dem Landbewohner überlegen erweist.

Obwohl der Kreis dieser Art von ländlichen Erwerbstätigen im Jahre 1971 noch sehr begrenzt ist, sollten sie als sozialökonomische Gruppe im Rahmen eines Modells berücksichtigt werden, und zwar als echte Differenzierungsform, d. h. als eine Gruppe, an der sich im Gegensatz zu der zuvor beschriebenen ein Differenzierungsfortschritt beobachten läßt.

Auf eine weitere Feststellung zum Grundsätzlichen beim sozialökonomischen Differenzierungsprozeß im Projektsgebiet soll in diesem Zusammenhang noch aufmerksam gemacht werden: Außerlandwirtschaftlicher Nebenerwerb liegt so gut wie nie vereint mit landwirtschaftlichem Haupterwerb (und umgekehrt) in einer Hand. Verfügt der Familienvorstand über einen industriellen Arbeitsplatz, so tritt in der Bodenbearbeitung bald ein anderer Familienangehöriger an seine Stelle, selbst wenn beide Verrichtungen leicht von einer Person durchgeführt werden könnten. Bei dem Überangebot an Arbeitskräften in Mexiko überrascht diese Tatsache nicht. Sie ist jedoch von Wichtigkeit, wenn man dem Problem der Übertragbarkeit von sozialökonomischen Klassifikationskriterien weiter nachgehen will.

Der Hauptunterschied zu den ländlichen Verhältnissen u. a. in der Bundesrepublik Deutschland liegt darin, daß sich in Deutschland der sozialökonomische Differenzierungsprozeß allein in der Person des Betriebsführers abspielt und die Zusammensetzung seines Einkommens direkten Aufschluß über den Grad der Bodenbezogenheit gibt. Die entssprechende Vergleichsgröße auf mexikanischer Seite darf demzufolge nicht das Einkommen des Familienvaters allein sein, sondern das Gesamteinkommen der Familie. Denn allein zum Lebensunterhalt der Familie reicht in den peripheren Gebieten das Einkommen einer einzigen Person kaum aus.

Beurteilt man die Ergebnisse dieses Übertragungsversuches des RÖHMschen Klassifikationssystems, so bestätigen sie die zu Beginn dieses Kapitels geäußerten Vorbehalte. Der RÖHMsche Ansatz, wonach zwischen Haupt- und Nebenerwerbslandwirtschaft unterschieden wird, hat für die sozialökonomischen Verhältnisse im Untersuchungsgebiet geringe Relevanz. Die sozialökonomische Entwicklung ist nicht in Form des in Europa bekannten landwirtschaftlich-industriellen Kontinuums verlaufen, sondern Landwirtschaft und Industrie stehen sich konträr gegenüber, wie es aus anderen Bereichen der lateinamerikanischen gesellschaftlichen Wirklichkeit ebenfalls bekannt ist. Auch die gänzlich andersartige mexikanische Familieneinkommensstruktur schließt einen direkten Vergleich der beiden Systeme aus.

Für die Grundlegung eines eigenen sozialökonomischen Klassifikationssystems sind aber folgende Erfahrungen aus diesem Übertragungsversuch zu übernehmen:

1. Es erscheint sinnvoll, zur Erfassung der ländlichen Existenzformen zwischen der Subsistenzwirtschaft und der marktorientierten Landwirtschaft zu unterscheiden.
2. Im Subsistenzbereich sind sowohl die sozialökonomischen Formen vertreten, die nur einen modifizierten Subsistenzstatus beschreiben, als auch solche, die einen echten Differenzierungsschritt darstellen.
3. Bei den Formen der marktorientierten landwirtschaftlichen Betriebe handelt es sich ausschließlich um sozialökonomische Differenzierungsformen, die fortschreitend aufeinander aufbauen.
4. Der nicht-landwirtschaftliche Nebenerwerb ist dank der umfassenden mexikanischen Familieneinkommensstruktur durchweg

als Ergänzung des Gesamteinkommens der Familie, nicht eines Einzelverdieners oder -betriebsführers industriestaatlicher Prägung zu verstehen.

5. Was das Verständnis des Begriffes „sozialökonomisch" und die Zielsetzung der Klassifikation anbelangt, so erscheint es sinnvoll, den wirtschaftlichen und sozialen Status der zu erfassenden Person, Familie oder Gruppe innerhalb der sozialen Hierarchie durch die Zusammensetzung des Einkommens aus landwirtschaftlicher und nicht-landwirtschaftlicher Arbeit bestimmt zu sehen. Damit sollen andere Klassifikationsindizes wie etwa das Statussymbol, bestimmte schichtungsspezifische Verhaltensweisen oder sonstige auch bei STAVENHAGEN genannte Faktoren nicht für irrelevant erklärt werden. Auf ihre Berücksichtigung muß jedoch im Rahmen dieser Untersuchung verzichtet werden, weil bei ihnen das Problem der Quantifizierbarkeit nach wie vor nicht gelöst ist.

2. Entwicklung eines sozialökonomischen Klassifikationsmodells

Auf deutscher Seite hat sich im Rahmen des Mexiko-Projekts H. J. NICKEL 1971 mit dem Marginalitätsproblem beschäftigt. In einer gesonderten umfangreichen Bibliographie 1973 hat er auch die einschlägige Literatur zu diesem Thema aufgearbeitet, weshalb es für die Belange dieser Untersuchung nicht sinnvoll erschien, eine weitere ausführliche Literaturkritik vorzunehmen. In seiner theoriebezogenen Untersuchung über die „Campesinos zwischen Marginalität und Integration" 1971 entwickelt NICKEL ein kybernetisches Zentrum-Peripherie-Modell, welches den Ausbreitungs- und Rückfluß von Informationen zwischen einem Zentrum und der Peripherie beschreibt. Da für NICKEL in der unzureichenden Struktur des mexikanischen Kommunikationsnetzes die Ursache für die soziale und sozialökonomische Unterentwicklung liegt, kommt diesem Modell grundsätzliche Bedeutung auch für unser sozialökonomisches Klassifikationsbemühen zu. Ausführlich ist dieses Modell wegen seiner nicht nur vertikalen, sondern auch horizontalen Dimension im Abschnitt C (über die sozialräumliche Gliederung) dargestellt.

Das im folgenden beschriebene sozialökonomische Klassifikationssystem resultiert aus den Ergebnissen des eben referierten Klassifikationstests und den Erfahrungen, die sich aus der detaillierten Untersuchung der Ejidogemeinden Xicoténcatl und Benito Juárez (im Jahre 1971) ziehen ließen (SANDER 1973). Diese beiden Dörfer wurden 1974 — wie bereits erwähnt — erneut unter-

Tabelle 2: Das sozialökonomische Klassifikationsmodell

Undifferenzierte, isolierte Subsistenzwirtschaftsgesellschaft

„Subsistenzdifferenzierungsgang"[1])	„Marktorientierungsgang"[1])
Landw. Familien (Subs.) ohne sonstiges Einkommen;	Landw. Familien (Subs.) mit gelegentlichen Ernteüberschüssen
bzw. Tagelöhner ohne Land	
Landw. Familien (Subs.) mit dorfgebundener Nebenbeschäftigung bzw.	Landw. Familien mit regelmäßiger Überschußproduktion
Tagelöhner mit landw. Nebenerwerb	
Landw. Familien (Subs.) mit Fam.-Angehörigen in dorfgebundener außerlandw. Vollbeschäftigung	Landw. Familien mit gezielter Marktproduktion
Landw. Familien (Subs.) mit Fam.-Ang. in nicht dorfgebundener außerlandw. Vollbeschäftigung	Landw. Familien mit gezielter Marktproduktion und arbeitsteiliger Vermarktungsorganisation
Subventionierte Subsistenzfamilien (= zurückbleibende Kernfamilien im Subsistenzwirtschaftstyp)	Marktorientierte landwirtsch. Familien mit Verselbständig. im Handel

Differenzierte, integrierte, urbane (Industrie-) Gesellschaft

[1]) Die Pfeile im Modell deuten an, daß der Differenzierungsprozeß nicht ein lückenloser Durchgang durch jede einzelne Differenzierungsstufe ist, sondern daß Differenzierungssprünge sowohl innerhalb eines jeden Differenzierungsganges für sich als auch von dem einen zum anderen möglich sind. Die Sprünge sind sogar eher der Regelfall als das sukzessive Kontinuum.

sucht und gehören zum Kreis der fünf Testgemeinden, über die im Anschluß an dieses Kapitel berichtet wird, so daß auf die Vorführung der Strukturdaten (s. Tab. 4, S. 33) an dieser Stelle verzichtet werden kann.

Gegenüber seiner ersten Fassung 1973 ist das Klassifikationsmodell in der vorliegenden Form leicht verändert worden:

Leitlinie dieses Modellentwurfes ist die begründete Annahme, daß der Differenzierungsprozeß von einer „undifferenzierten, isolierten (Agrargesellschaft =) Subsistenzwirtschaftsgesellschaft" zu einer „differenzierten, integrierten, urbanen (Industrie-)Gesellschaft" abläuft. (Vgl. hierzu auch die Kritik an den Gedanken von STAVENHAGEN, Kap. IV). Die peripher gelegenen, verkehrsmäßig und kommunikativ abgeschiedenen Subsistenzfamilien im randlichen Trockenfeldgebiet, z. B. am Hang der Malinche, die im Zusammenhang mit dem Transfertest als Typen der hauptberuflichen Landwirtschaft beschrieben worden sind, sind Beispiele für die weniger differenzierten Gruppen. Die im Projektsgebiet ebenfalls beobachtbaren, in der Zahl zunehmenden, marktorientierten Betriebe stellen mit den zu ihnen gehörenden Familien die bereits stärker differenzierten Gruppen dar.

Das Modell hält zwei Differenzierungsgänge bereit, die beide zur Endstufe der integrierten, urbanen (Industrie-)Gesellschaft führen. Der linke Strang trägt allen Subsistenzbetriebstypen Rechnung, die sich wegen ausgesprochen agrarfeindlicher Naturfaktoren oder aus anderweitigen betriebswirtschaftlichen Faktoren zum Ausbau nicht eignen. Die sozialökonomische Differenzierung setzt hier zunächst scheinbar in Form der beschriebenen lebensnotwendigen Nebeneinkünfte wie Holzköhlerei, Lotterielosverkauf usw. ein, dann durch Formen von (im RÖHMschen Sinne) echtem außerlandwirtschaftlichem Nebenerwerb oder Vollerwerb, welcher sowohl ortsgebunden als auch außerdörflich stattfinden kann. Der häufig anzutreffende sowohl neben- als auch hauptberufliche dörfliche Lebensmitteleinzelhandel spielt dabei eine wesentliche Rolle. Andere Beispiele sind das Lkw- und Taxifahren u. ä.

Wie man an der Bezeichnung der einzelnen sozialökonomischen Stufen rasch erkennt, ist das Modell auf Familienebene angelegt worden. Damit ist der Versuch verbunden, die entsprechenden

Erfahrungen aus dem Transfertest zu berücksichtigen, daß die kleinste sozialökonomische Einheit in Mexiko nicht die Einzelperson beispielsweise in der Rolle des Betriebsführers ist, sondern die Großfamilie mit ihren verschiedenen Einkommenspersonen. Den sozialökonomischen Standort eines mexikanischen landwirtschaftlichen Betriebes zu bestimmen, heißt also, die Einkommenslage sämtlicher familienzugehöriger Verdiener zu kennen. Für einen solchen Ansatz sprechen auch die Erfahrungen aus den detaillierten Dorfuntersuchungen, nach denen die Träger der sozialökonomischen Differenzierungsformen jeweils außer Ortes wohnen, aber durch regelmäßige Zuwendungen das Familieneinkommen aufbessern helfen[2]).

Die Berücksichtigung dieser Tatsache macht nun unser Bemühen nicht einfacher. Denn man stelle sich die Schwierigkeiten vor, denen man bei der Ermittlung sämtlicher Einkommenspersonen einer ländlichen Familie ausgesetzt ist, wenn ein Teil dieser Personen auf Nachbargemeinden und ferne Städte verteilt lebt. Aber selbst wenn einem das gelingt, erhebt sich als neues Problem die Frage, zu welchen Anteilen Unterstützungsgelder unter den Familienangehörigen fließen oder ob die abgewanderten Familien nicht schon als selbständige ökonomische Einheiten anzusehen sind. Würde man sich der Mühe jedoch nicht unterziehen, die mexikanische Familie differenzierter zu sehen, so verfehlte man — wie im Test erprobt — prinzipiell den Sinn sozialökonomischer Klassifikation im mexikanischen ländlichen Raum. Denn dann würde man einen statischen Katalog isolierter und kontrastierender Berufszugehörigkeiten erzielen, nicht jedoch ein Strukturbild interdependenter sozialökonomischer Misch- und Entwicklungsformen.

Diese Feststellung wirkt sich auf die Anlage des Modells folgendermaßen aus: Nicht alle Gruppen bewegen sich mit der gleichen Geschwindigkeit auf das letzte Differenzierungsziel des Modells hin; ein Teil von ihnen wird es kaum erreichen. Im linken Entwicklungsstrang ist dieser Gedanke an der Gegenüberstellung der beiden Gruppen „Landwirtschaftliche Familien (Subsistenz) mit Fami-

---

[2]) Diese Wirtschaftsweise ist von NICKEL auch „Subventionierte Subsistenzwirtschaft" genannt worden.

lienangehörigen in nicht dorfgebundener außerlandwirtschaftlicher Vollbeschäftigung" und „Zurückbleibende Kernfamilie im Subsistenzwirtschaftstyp" erkennbar. Hier hat sich der in der vorletzten Stufe noch vorhandene Verband von „Landwirtschaftlicher Familie (Subsistenz)" und „Familienangehörigen in außerdörflicher Vollbeschäftigung" aufgelöst und zu zwei neuen sozialökonomischen Gruppen weiterentwickelt. Die eine ist die immobile und verharrt im Subsistenzbereich, die andere hat sich zu einer eigenen sozialökonomischen Einheit (= Vollfamilie) weiterentwickelt und ist jetzt an einer anderen Stelle oder gar außerhalb des Modells, das ja nur die kleinbäuerliche mexikanische Familie berücksichtigt, anzusiedeln. Für diese Gruppe müßte dann ein anderes Klassifikationsmodell außerlandwirtschaftlicher Familien geschaffen werden.

Der rechte Strang des Modells scheint weniger von solchen Differenzierungssprüngen zurückbleibender Kernfamilien und sich verselbständigender Teilfamilien zu neuen, höher differenzierten Vollfamilien gekennzeichnet. Dieser Eindruck täuscht jedoch. In der letzten Stufe des Modells ist ebenfalls — wie übrigens in allen übrigen Stufen — eine Aufspaltung in eine zurückbleibende landwirtschaftliche Familie und eine höher differenzierte Familie, die sich etwa im Handel mit landwirtschaftlichen Produkten verselbständigt, denkbar. Auf solche Möglichkeiten soll hier bewußt immer wieder hingewiesen werden. Denn abrupte Übergänge, isoliert nebeneinander stehende Existenzen, städtische und ländliche Polaritäten und Disparitäten sind nicht etwa die Ausnahme, sondern der Regelfall in der mexikanischen gesellschaftlichen Wirklichkeit.

Der Leser wird vermuten, daß beim Entwurf des rechten Klassifikationsganges der STAVENHAGENsche Gedanke der „ländlichen Bourgeoisie" Pate gestanden hat. Das ist insofern nur bedingt der Fall, als STAVENHAGEN eher an einen traditionellen landwirtschaftlichen Betriebstyp mit Überschußproduktion, den Rancho, gedacht hat. Die Betriebsgröße von 20—100 ha, die er zugrundelegt, spricht für diese Annahme. Bei dieser Art von Rancho handelt es sich um eine Reduktionsform, die sich nach der mexikanischen Agrarreform aus der Liquidierung der altmexikanischen Haciendas entwickelt hat. Daß dieser historisch bedingte

Typ jedoch nicht als Musterfall eines gegenwartsbezogenen Gesellschaftsentwicklungsmodells dienen kann, liegt auf der Hand.

In den letzten Jahren hat sich eine neue Form von Ranchos entwickelt, die mit den altmexikanischen nur die marktorientierte Wirtschaftsweise gemeinsam haben. Die Besitzer sind von Haus aus Kleinstlandbesitzer wie das Gros der mexikanischen Minifundistas. Durch geschickte Betriebsführung und Marktanpassung scheint es ihnen zu gelingen, Betriebskapital zur Übernahme freiwerdender Nachbarparzellen zu akkumulieren.

Vorerst konnten solche Erscheinungen nur im klimatisch äußerst benachteiligten Block von Tlaxcala und an den höheren Hängen der Malinche beobachtet werden. Dort nämlich ist es zu einer nennenswerten Bodenmobilität deshalb gekommen, weil Kleinstbetriebe ohne Aufstockung nicht mehr in der Lage sind, ein garantiertes Subsistenzminimum zu erwirtschaften. So wandert der eine Teil der Bevölkerung ab, der andere übernimmt die freiwerdenden Parzellen, sofern sie überhaupt für eine mehr als subsistenzorientierte Bewirtschaftung tauglich sind. Ausgelöst wird dieser Prozeß meist von jetzt in der Stadt lebenden Familienangehörigen, die bereits in der früheren Generation abgewandert sind und die einen beruflichen Mobilitätsgrad erreicht haben, so daß es zu einem mobilitätsfördernden Rückkopplungseffekt mit ihren agrarisch orientierten, auf dem Lande zurückgebliebenen Angehörigen gekommen ist. Auch SEELE (1970) hat die Tendenz zur Entstehung so beschaffener „neuer Ranchos" beobachten können. Ihre Betriebsgrößen überschreiten nur in Ausnahmefällen die 10 ha-Grenze.

Diese Art von Bodenmobilität ist sicher nicht die Folge gewerblicher Differenzierungsprozesse, die zu einer veränderten Bewertung der landwirtschaftlichen Produktionsfaktoren führen. Obwohl der Impuls für diese Entwicklung — wie beschrieben — nicht von der ansässigen Bevölkerung ausgegangen, sondern durch bestimmte Einflüsse von außen herangetragen worden ist, kündigt sich hier ein infraagrarischer Differenzierungsprozeß an, der Musterfunktion für die Verbesserung der Agrarstruktur aus sich selbst heraus erhalten kann. Deshalb schien dieser Gedanke als Ansatz für eine Differenzierungshypothese diskussionswürdig.

Es ist nicht Aufgabe dieses sozialökonomischen Klassifikationssystems, das auf den ländlichen Differenzierungsprozeß ausgerichtet ist, auch den Verbleib der solchermaßen freigesetzten Agrarbevölkerung zu erfassen. Aber zum Schluß dieser einführenden Diskussion kann dieser Aspekt zum Anlaß genommen werden, noch einmal auf die wichtigsten Bedingungen für das Funktionieren der im Modell entworfenen Differenzierungsgänge hinzuweisen. Es ist dabei grundsätzlich von der auch mit der Wirklichkeit übereinstimmenden Voraussetzung auszugehen, daß sozialökonomische Differenzierung nur durch die Lösung des Menschen aus dem primären Wirtschaftsbereich möglich ist. Bis heute verbindet man in der Lateinamerikaforschung damit die Vorstellung, die Abwanderung aus der Landwirtschaft ziehe immer auch einen Standortwechsel des Betroffenen vom Land in die Stadt nach sich. Das ist nicht Voraussetzung für dieses Modell. Weitere notwendige Voraussetzung für die Funktion des Modells ist jedoch auch, und damit befindet es sich ebenfalls in Übereinstimmung mit der Wirklichkeit, daß der Prozeß der agrarisch-gewerblichen Entmischung nicht umkehrbar ist. Wäre er das, so hörte nicht nur augenblicklich jede sozialökonomische Weiterentwicklung auf, sondern die mexikanische Volkswirtschaft insgesamt würde spürbar zurückgeworfen, und zwar in dem Maße, wie die aus der Landwirtschaft freigesetzten Arbeitskräfte gezwungen würden, den agrarischen Sektor erneut zu belasten.

B. DURCHFÜHRUNG DER SOZIALÖKONOMISCHEN KLASSIFIKATION

I. Auswahl der Untersuchungsgemeinden

In dem folgenden Hauptteil der Untersuchung soll das in Teil A entwickelte sozialökonomische Klassifikationsmodell an der ländlichen Gesellschaft im Projektsgebiet erprobt werden. Da eine solche Untersuchung natürlich nicht flächendeckend sein kann, war es notwendig, sich auf einige ausgewählte Falluntersuchungen zu konzentrieren. Das erforderliche Material wurde in sorgfältiger Befragungsarbeit in den einzelnen Dörfern gewonnen.

Bei der Auswahl der Untersuchungsgemeinden galt das Bestreben dem Versuch, einige für die regionale Anordnung von zentralen und peripheren Räumen[3] treffende Beispiele herauszugreifen, die zugleich auch, was ihre Wirtschafts- und Sozialstruktur anbelangt, ein Mindestmaß sozialökonomischen Repräsentativcharakters aufweisen. Diese Forderung ist leichter ausgesprochen als in die Tat umgesetzt, da bis jetzt detailliertes Grundlagenmaterial für eine wirtschaftsgeographische, geschweige denn sozialökonomische Gliederung des Projektsgebiets fehlt. Als Entscheidungshilfe bei diesem Vorgehen fungierten die agrargeographische Gliederungskarte von SEELE (1967) in Verbindung mit dem NICKELschen sozialökonomischen Idealprofil (1968) S. 6 sowie die Ergebnisse der erwähnten sozialökonomischen Stichprobenuntersuchungen aus dem Jahre 1971, deren Untersuchungsraum in Abb. 3, S. 28 dargestellt ist. Schließlich fiel die Wahl auf die folgenden fünf Dörfer. (Es soll dabei nicht verschwiegen werden, daß diese Entscheidung auch von Faktoren wie der Unterstützungsbereitschaft von administrativer Seite und der Aufgeschlossenheit der Dorfbevölkerung mitbestimmt wurde.)

[3] „Zentrale und periphere Räume", vgl. TICHY 1970

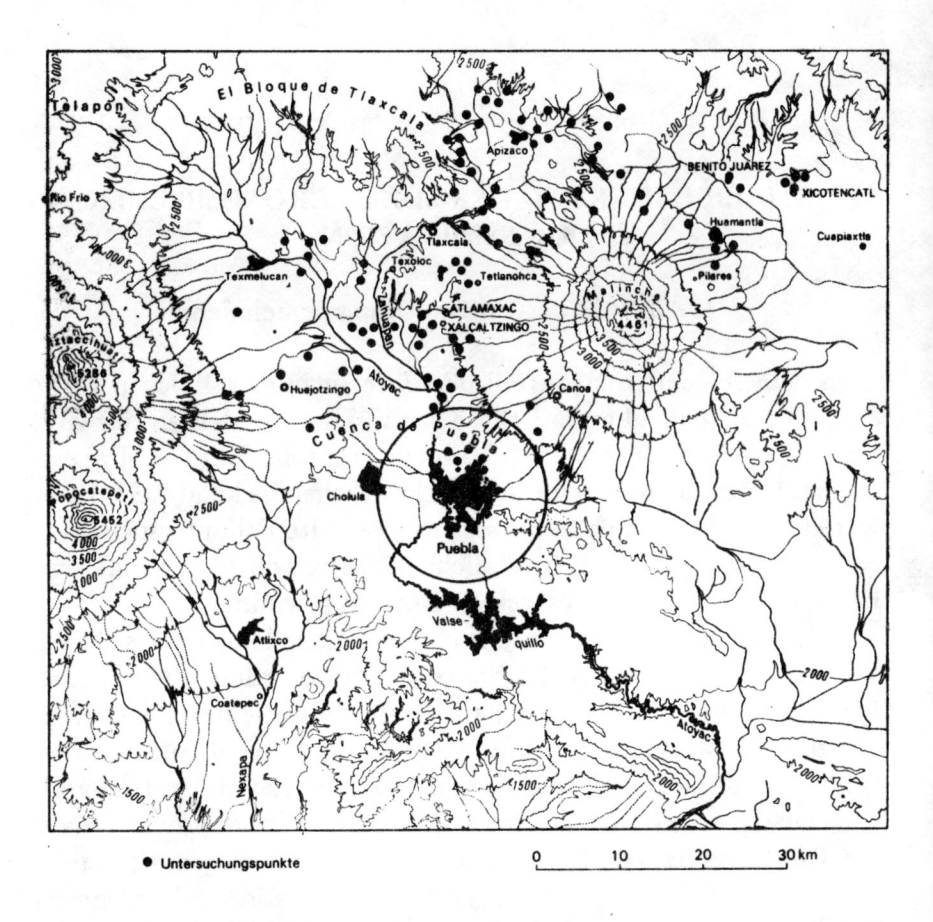

Abb. 3: Sozialökonomische Stichprobenuntersuchungen im Projektsgebiet und Lage der Untersuchungsgemeinden Xicoténcatl, Benito Juárez, Xalcaltzingo, Atlamaxac und San Juan

I. *Xicoténcatl.* Räumlich und sozial peripher gelegene Subsistenzgemeinde ohne Anzeichen zu beruflicher Mobilität und sozialem Wandel

II. *Benito Juárez.* Räumlich und sozial peripher gelegene Subsistenzgemeinde mit beginnendem Wandel der Berufs- und Sozialstruktur

III. *Xalcaltzingo.* Ländliche Gemeinde mit stabiler landwirtschaftlicher Einkommensstruktur

IV. *Atlamaxac*. Ländliche Gemeinde mit relativ stabiler landwirtschaftlicher Einkommensstruktur

V. *San Juan*[4]). Großstadtnahe ländliche Bauern- und Arbeitergemeinde.

Die Dörfer vom Typ I und II sind am stärksten im nördlichen Untersuchungsgebiet verbreitet. Sie befinden sich in den Trockenfeldbauzonen des Blocks von Tlaxcala und den Hängen des Popocatépetl, der Ixtaccíhuatl und der Malinche. Xalcaltzingo und Atlamaxac sind Vertreter der zentralen bis randlichen Schwemmlandebene von Río Atoyac und Río Zahuapan, die den landwirtschaftlichen Kernraum des Hochbeckens von Puebla-Tlaxcala darstellen. — San Juan liegt im unmittelbaren Ausstrahlungsbereich der Großstadt Puebla. Die Lage der Untersuchungsgemeinden ist ebenfalls in Abb. 3 dargestellt.

Nicht alle Dörfer wurden mit derselben methodischen Blickrichtung untersucht. Bei Xicoténcatl und Benito Juárez, für die Untersuchungsergebnisse sowohl aus dem Jahre 1971 als auch 1974 vorliegen, steht der qualitative Aspekt, der sich in der Erfassung des Strukturwandels in diesem Zeitraum ausdrückt, im Vordergrund[5]). Die übrigen drei Dörfer wurden nur 1974 untersucht, und zwar vorwiegend unter dem Gesichtspunkt der quantitativen Erfassung der sozialökonomischen Struktur. Für das weitere methodische Vorgehen dieser Arbeit hat das zur Folge, daß die ersten beiden Dorfuntersuchungen vorwiegend der Überprüfung und Korrektur des sozialökonomischen Klassifikationsmodells dienen, während bei den übrigen die quantitative Erfassung der sozialökonomischen Struktur im Vordergrund steht.

---

[4]) Um die Sicherheit meiner mexikanischen Gehilfen zu gewährleisten, ist dieser Ortsname verschlüsselt angegeben.
[5]) Über die sozialökonomische Familienstruktur wurde jedoch kein detailliertes Zahlenmaterial aufgenommen.

II. Die räumlich und sozial peripher gelegene landwirtschaftliche Subsistenzgemeinde ohne Anzeichen zu beruflicher Mobilität und sozialem Wandel
Ejido Xicoténcatl, Municipio Huamantla, Bundesstaat Tlaxcala

Tabelle 3: Zensusdaten von Xicoténcatl 1970

1531 Einwohner
— davon: 25% erwerbstätig
      davon: 83,3% in der Landwirtschaft
            4,5% in der Industrie
            5,0% in Handel und Dienstleistungen
— davon: 58,6% alphabetisiert
— davon: 63,6% mit Primarschulbildung
— davon: 5,5% in Ausbildung befindlich

269 Häuser

— davon: 24,5% mit Wasseranschluß im Haus
— davon: 37,5% mit Wasseranschluß im Hof
— davon: 1,1% mit Kanalisation
— davon: 40,1% mit gesondertem Fußboden über dem Erdboden
— davon: 45,4% mit elektrisch Licht
— davon: 70,3% mit Radio
— davon: 14,1% mit Fernsehen

1971 ließ sich Xicoténcatl uneingeschränkt dem landwirtschaftlichen Subsistenzwirtschaftstyp zuordnen (SANDER 1973). Der geringe Spielraum in den wirtschaftlichen Möglichkeiten, die der Bevölkerung gegeben sind, ist vorgezeichnet durch die Unstetigkeit der Ernteerträge. Sie erreichen manchmal nur das pure Existenzminimum, manchmal erbringen sie Überschüsse, welche, in bare Münze umgewandelt, für die Anschaffung des Lebensnotwendigen kaum oder gerade ausreichen.

Der Grund dafür liegt in der überaus ungünstigen Naturausstattung dieses randlich des Beckens in Höhen bis zu 2600 m liegenden Lebensraumes. Ohne künstliche Bewässerung ist hier nur Getreide- und Kartoffelanbau möglich. Die Niederschläge sind jedoch noch unergiebiger und unsteter als in den weiter südlich gelegenen zentralen Beckenlagen. Nachtfröste im Frühjahr und Kaltlufteinbrüche von Norden her (Nortes), die wegen der ungeschützten Höhenlage besonders häufig auftreten, lassen jeden Gedanken an differenzierte Nutzungsverfahren utopisch erscheinen. Auch künstlichen Bewässerungsprojekten sind von der Natur her Grenzen gesteckt, da das Grundwasser hier erst in mehr als 100 m Tiefe zu erreichen ist und entsprechende Brunnenbauten von der Dorfbevölkerung allein kaum finanziert werden können. Der Bau eines Tiefbrunnens war 1971 allerdings vorgesehen[6]).

Eine zweite Problemschicht ergibt sich aus der Abgelegenheit dieses nordtlaxcaltekischen Hochlandes von allen Zentren wirtschaftlichen und sozialen Fortschritts. Die nächstgelegene Stadt Huamantla, etwa 20 km entfernt, hat fast ausschließlich Verwaltungsfunktion, und selbst die gleichnamige Hauptstadt des Bundesstaates Tlaxcala hat nur sehr begrenzt Arbeitsplätze anzubieten.

Angesichts dieser negativ egalisierenden Faktoren bleibt den einzelnen Dörfern nur wenig Spielraum zu individueller Differenzierung. Zu den wenigen Variablen im landwirtschaftlichen Bereich gehören die Betriebsgröße und die Intensivierung des Anbaus durch künstliche Bewässerung. Auf diesem Felde sind auch die individuellen Züge des Ejido-Dorfes Xicoténcatl im Jahre 1971 zu sehen.

Es gab und gibt heute noch zwei Betriebsgrößenklassen: Ejidatarios mit 2,5 ha und 8 ha. Dieser Klassifizierung liegt die Bodengütebewertung zur Zeit der Haciendas zugrunde. Bei den heute zur Verfügung stehenden technischen Möglichkeiten sind kleine Bodenunterschiede leicht auszugleichen. Davon wurde jedoch nicht immer Gebrauch gemacht wegen der relativ hohen Kunstdüngerpreise von 775,— Peso pro Tonne.

Die durchschnittlichen Erträge waren mager. An Mais wurde pro ha unter günstigen Bedingungen, aber ohne Verwendung von chemischem Dünger, 1 t geerntet. Der Mais nahm etwa 80 % der Nutzfläche ein. 10 % wurde mit Futtergerste bestellt; der Rest diente dem Anbau eines weiteren mexikanischen Grundnahrungs-

---

[6]) Die Problematik des defizitären Wasserhaushalts im mexikanischen Hochland soll hier nicht weiter erörtert werden. Weiterführende Literatur, s. KNOBLICH 1973 u. a.

mittels, der Bohnen. Im Garten wuchsen Sonnenblumen und Kleingemüse. Von der Ernte wurde die Hälfte verkauft, der andere Teil wurde als Nahrungsmittel und als Saatgut (12—15 kg pro ha) eingelagert.

Die auf diese Weise errechenbaren Bareinkommen erreichten 1000.— bzw. 3500.— Peso pro Jahr, das entspricht nach damaligem Kurs 300.— bis 1000.— DM (Zum Kaufkraftvergleich: 1 Liter Benzin = 1 Peso, 1 Schachtel Zigaretten = 1,5 Peso, 1 Paar Schuhe = 100 Peso, 1 Jacke = 120 Peso, 1 Volkswagen = 28000.— Peso).

Die Viehzucht beschränkte sich auf 2 bis 3 Esel pro Haus als Gespanntiere. Pferde und Kühe wurden nur in zwei bzw. einer Familie gehalten. Der Milchertrag lag nicht über 3 Liter täglich im Jahresdurchschnitt. 6 Traktoren wurden im Dorf auf Gemeinschaftsbasis unterhalten. Die Miete konnte auch gegen Naturalien entrichtet werden.

Pläne zu künstlicher Bewässerung hatten sich noch nicht in die Tat umsetzen lassen. Aber dieses Projekt wurde dringlich von der Dorfbevölkerung verfolgt. Man hoffte auf diese Weise die Ernten sicherer machen und das Nutzungssystem auf Alfalfa- (Klee)- Anbau und Viehzucht erweitern zu können.(Zu den übrigen Daten vgl. Tab. 4, S. 33).

Diese wenigen Daten zur Wirtschaftsstruktur des Dorfes verdeutlichen bereits, daß man hier nach Ansätzen zur sozialen oder sozialökonomischen Differenzierung vergeblich suchen mußte. Das Dorf verkörperte 1971 den Mustertyp der „undifferenzierten, isolierten Subsistenzwirtschaftsgesellschaft". Die gelegentlichen Ernteüberschüsse schienen kaum dazu geeignet, hier einen Differenzierungsgang nach dem rechten Strang des Modells einzuleiten. Sie waren allenfalls auf eine Verbesserung des Subsistenzwirtschaftsstatus gerichtet. Die Vermarktung geschah übrigens nicht durch ortsansässige Händler, die auf den Getreidehandel spezialisiert waren, sondern durch Aufkäufer der Ejidalbank, so daß auch hier kein Ansatzpunkt für eine innerörtliche Differenzierung irgendwelcher Art gegeben war.

Für die Frage, ob und welchen Differenzierungsgang die dörfliche Gesellschaft voraussichtlich nehmen konnte, bot die Tatsache einigen Aufschluß, daß bis zu 80 % der heranwachsenden

Tabelle 4: Ausgewählte Strukturdaten von Xicoténcatl
(nach der Aufnahme von 1971)

		Xicoténcatl	
Familiengrößen- und Altersstruktur	Gesamtbevölkerung: Zahl der Ejidatarios: Auf die Familiengrößenklassen... entfallen... % aller Familien: bis 5 Personen 6 bis 9 Personen 10 bis 12 Personen 13 bis 15 Personen über 15 Personen Auf die Altersklassen... entfallen... Ejidatarios 21 bis 35 Jahre 36 bis 45 Jahre über 45 Jahre	1210 E. 220 Ej. 9% 41% 24% 15% 11% 130 Ej. 50 Ej. 40 Ej.	
Betriebsstruktur	Ejidobetriebe insg.: 220 Betriebsgrößenklasse: 8 ha Betriebe 164 (Trockenl.) Vieh: Pferde 2 Betr. je 2 Kühe 2 Betr. je 1 1 Betr. je 2 Esel 91 Betr. je 3 75 Betr. je 2 Chem. Dünger 16 Betriebe Steuern pro Betr. 20 Pesos		2,5 ha 56 (Trockenl.) — — — 43 je 2 13 je 3 18 Betr. 10 Pesos
Bodennutzung (in % der Betriebsfläche)	Mais: 70% Alfalfa/Hafer — Futtergerste 20% Bohnen 5% übrig. + Gart. 5% Ertrag: Mais 850 kg/ha Ertrag: Gerste 1000 kg/ha		90% — 10% 5% 5%
Sozialök. Struktur	Hauptberuf: Campesino Nebenberuf: 2 Transportf. mit eig. Kombi; 6 Traktorenverm. Bareinkomm.: ⌀ 3500 Pesos		Camp. u. 1 Lehrer — ⌀ 1000 Pesos
Infra-Struktur	Elektr. Licht: 87 Trinkwasser: 87 Radiogerät: 53 Fernsehen: 1		63 63 27 2

(nach eigenen Erhebungen)

Jahrgänge das Dorf verließen, um ihr berufliches Glück in der Stadt zu versuchen: ein überzeugender Beweis für die Chancenlosigkeit des Dorfes, — hinsichtlich des Klassifikationsmodells ein Hinweis darauf, daß vom linken Differenzierungsgang auszugehen war. Die Differenzierung war hier offensichtlich nicht am Beruf einer Erwerbsperson allein, sondern am sozialökonomischen Status der gesamten Familie, d. h. aller Erwerbspersonen zusammengenommen, erkennbar. Der ökonomische Familienverband mit den abwandernden Jugendlichen war solange intakt, wie diese von ihrem städtischen Einkommen regelmäßig Zuwendungen an die im Susistenzbereich zurückbleibende Kernfamilie entrichteten und damit diese Existenzform „subventionierten". (Diese Erscheinung hat bei der Grundlegung des Modells — wie erinnerlich — eine wesentliche Rolle gespielt.) Da die Abwanderungs- und Subventionsfälle im Jahre 1971, als sich unsere Mexikoarbeit noch im Anfangsstadium befand, nicht quantifiziert aufgenommen worden sind, darf es einstweilen bei diesen qualitativen Aussagen, die das Modell nicht minder verifizieren, bleiben.

Strukturwandlungen bis zum Jahre 1974

Die Wirtschaftsstruktur im Jahre 1974 ist durch einen differenzierten landwirtschaftlichen und einen gewerblichen Sektor gekennzeichnet. Ursache für den Wandel in der Landwirtschaft ist nicht die Realisierung des Bewässerungsprojekts — wie es vielleicht naheliegt zu vermuten —, sondern der Übergang zu einem rationellen Nutzungssystem. Es besteht aus einer Mais—Kartoffel—Getreide—Rotation mit einer Umtriebszeit von 3 Jahren. Dieser Wandel im Betriebsziel hat das Dorf nahezu vollkommen erfaßt. Seine Ursache ist nicht eindeutig festzustellen. Der Kartoffelbau befindet sich allgemein im Vormarsch in Mexiko. In einigen Dörfern und Ranchos der näheren Umgebung wird er seit 6 Jahren betrieben. In anderen Gebieten, z. B. an den höheren Hängen des Pico de Orizaba wird der Kartoffelanbau bereits seit Jahrzehnten gepflegt. Immerhin läßt sich dieser rasche Nutzungswandel in Xicoténcatl, der vor 1 1/2 Jahren eingesetzt hat, als eine außergewöhnlich große Innovationsbereitschaft des Dorfes werten, die sonst nicht typisch für Ejidos ist.

Nicht gelungen in der Zwischenzeit ist der Bau des schon 1971 vorgesehenen Tiefbrunnens, der der Schaffung von Bewässerungsland dienen sollte. Auf die besondere Initiative eines ehemaligen Ejidokommissars ist der Bau einer Trinkwasserleitung zurückzuführen, die 1974 in Gebrauch genommen werden konnte.

Die neu eingeführte Mais—Kartoffel—Getreide—Rotation, 'die eine Nutzungsverteilung von 60 % Mais bzw. Kartoffeln, 30 % Futtergerste und 10 % Bohnen vorsieht, ist ihrerseits für neue Strukturen sowohl im landwirtschaftlichen als auch im außerlandwirtschaftlichen Bereich verantwortlich:

1. Die monokulturelle Maisnutzung ist einem differenzierten Nutzungssystem gewichen, welches den Mineralhaushalt des Bodens weniger einseitig belastet.
2. Die Gefahr von Mißernten hat sich verringert, da das Risiko durch Nutzungsvielfalt gestreut worden ist.
3. Die Erträge der Kartoffel sind höher als die des Mais.
4. Während des Kartoffeljahres ist die menschliche Arbeitskraft im Zeitraum von der Saat bis zur Ernte kürzer, aber konzentrierter gebunden als während des Maisjahres. Falls Nebenerwerbsmöglichkeiten vorhanden, steht dafür während des Kartoffeljahres mehr Zeit zur Verfügung als vor Einführung der Rotation.
5. Die Ernährungsgewohnheiten der Dorfbevölkerung verschieben sich von der einseitigen Mais—Bohnen-Nahrung zugunsten der abwechslungsreicheren Kartoffel—Mais—Bohnen—Nahrung, was dem Gesundheitszustand der Bevölkerung zum Vorteil gereicht.
6. Die Abkehr von der Subsistenzwirtschaft in Richtung auf eine begrenzte Marktwirtschaft geschieht fast unmerklich dadurch, daß die Bevölkerung während des Kartoffeljahres auf den Ankauf des Hauptnahrungsmittels Mais angewiesen ist.

Die Punkte 3—6 bedürfen der Erläuterung.

Die unter Punkt 6 beschriebene Abkehr von der Subsistenzwirtschaft läuft reibungsloser ab, als für den Außenstehenden zu vermuten ist. Damit verbunden ist ein beträchtlicher finanzieller Gewinn. Das folgende kleine Rechenexempel macht das schnell klar.

Es gibt im übrigen einen Einblick in die detaillierte Problemlage eines in solcher Situation zur Entscheidung genötigten Campesino.

Der ha-Ertrag bei Kartoffeln liegt bei 5—6 t. Von der Kartoffelernte werden etwa 80 % verkauft, da die Lagerungsmöglichkeiten bekanntlich begrenzt sind. Das kg Kartoffeln bringt 1 Peso; damit kann der Campesino aus dem Verkauf seiner Kartoffelernte pro ha einen Ertrag von etwa 4500.— Peso ziehen. 2500.— Peso pro ha muß er für den Ankauf von Saatgut auf die Seite legen, so daß sein Reinertrag mit etwa 2000.— Peso anzusetzen ist.

Der ha-Ertrag bei Mais erreicht bei Verwendung von chemischem Dünger 2 t. Nach Abzug der hohen Kosten für den Dünger bleibt aber gerade soviel übrig als wäre 1 t ohne Düngerverwendung geerntet worden. Von der Maisernte werden nur 50 % verkauft, die andere Hälfte dient dem Eigenverbrauch und der Vorsorge für Saatgut.

Der Erzeugerpreis des Mais beträgt 1,40 Peso, der Ladenverkaufspreis 1,50 Peso. Der Campesino erhält somit für den Verkauf der Hälfte seiner Ernte 700.— Peso. Dieser Wert ist jedoch noch nicht direkt vergleichbar mit dem Erlös aus dem Kartoffelverkauf. Denn während des Kartoffeljahres ist der Campesino auf den Ankauf von Mais aus dem Laden angewiesen, was er während des Maisjahres nicht braucht, weil er sich die Hälfte der Ernte für den Eigenverbrauch aufspart. Die Saatgutrücklage mit 15 kg pro ha ist dabei zu vernachlässigen, so daß noch 500 kg x 1,50 Peso (Ladenverkaufspreis) vom Kartoffelerlös zu subtrahieren sind, um die Werte miteinander vergleichbar zu machen. Damit stehen sich gegenüber: 1250.— Peso pro ha während der Kartoffelnutzung und 700.— Peso während der Maisnutzung.

Wahrscheinlich hat ein Campesino diese Kostenrechnung nie so durchgeführt; notgedrungen hat er auch ein viel lebensnäheres Gespür für Nachteil und Gewinn. Es ist auch nicht sicher, ob in dieser Rechnung alle Faktoren richtig in Ansatz gebracht und ob nicht wesentliche übersehen worden sind. Aber selbst wenn man diese Kostenrechnung nur als groben Anhalt in die Betrachtung einbezieht, so wird doch deutlich, daß ein gewisses Maß ökonomisch geprägten Entscheidungsverhaltens in dieser einst so sehr von der Erstarrung geprägten Ejidogemeinde Eingang gefunden haben muß.

Das Eindringen marktwirtschaftlichen Verhaltens in Xicoténcatl hat seinen Niederschlag auch in einer sprunghaft gestiegenen Zahl von dörflichen Einzelhandelsgeschäften gefunden. Gegenüber zwei Läden im Jahre 1971 sind es heute 7. Sie dienen längst nicht mehr nur der Funktion, die Versorgung der Bevölkerung während des „maisfreien" Jahres sicherzustellen, sondern regen manchen kaufkräftig gewordenen Kunden zur Erfüllung nicht nur alltäglicher Wünsche an.

Bevor zu den Neuerungen im gewerblichen Bereich übergegangen wird, ist es an dieser Stelle bereits angebracht, eine kleine Zwischenbilanz zu ziehen: Der sozialökonomische Wandlungsprozeß hat das ganze Dorf mit Heftigkeit erfaßt. Die Modalität und das Ausmaß, in welchem das geschieht, war im Jahre 1971 nicht vorherzusehen. Bezeichnenderweise ist dieser Differenzierungsprozeß nicht durch die Intensivierung der landwirtschaftlichen Nutzung eingetreten, die durch die Verwirklichung des Bewässerungsprojektes zu erwarten gewesen wäre, sondern durch einen mit keinerlei Investitionen verbundenen Nutzungswechsel im Trockenfeldbereich. Aber dadurch ist es möglich geworden, marktorientiert zu produzieren. Höhere Beträge Bargeld werden eingenommen, und ein neues Bewußtsein für einfache Marktgesetzmäßigkeiten breitet sich aus. Der Geldumlauf im Dorf beschleunigt sich, das Warenangebot nimmt zu, und, begünstigt durch den Kaufkraftanstieg der Bevölkerung, erreicht auch der Konsum bisher nie gekannte Dimensionen. Die erhöhte Nachfrage an Gütern schafft die Arbeitsplätze im Handel, z. B. in der sprunghaften Zunahme der Einzelhandelsgeschäfte, im Transportwesen usw. Es zeichnet sich ein Differenzierungsprozeß ab von bilderbuchartiger Präzision. Er weckt die Assoziation, als sei er geradewegs der volkswirtschaftlichen Konjunkturbelebungstheorie abgelauscht. Er ist so beispielhaft, daß er der Einordnung in ein Modell kaum noch zu bedürfen scheint. Er könnte selbst als Modell für einen mexikanischen ländlichen Entwicklungsplan dienen.

Die Beobachtungen zum Charakter dieses Differenzierungsganges führen geradewegs zum Vergleich mit unserem Klassifikationsmodell. Der Leser erinnert sich, daß im Jahre 1971 alle Anzeichen dafür sprachen, daß sich die Gesellschaft von Xicoténcatl nach dem Muster des Subsistenzdifferenzierungstyps (linker Teil des Modells) weiter entwickeln würde. Eine solche Prognose hätte sich als falsch erwiesen. Denn der Differenzierungsgang von Xicoténcatl verläuft jetzt nach dem Muster des rechten Stranges des Modells, wo von Intensivierung, Überschußproduktion und Marktorientierung die Rede ist. Obwohl auf die Dynamik von Entwicklungs- und Wandlungsprozessen in Lateinamerika, auf Polaritäten und geradezu revolutionäre Übergänge bereits hingewiesen worden ist, bedeutet es doch eine besondere Erfahrung, diese Tatsache in einem an sich so überschaubaren und von keinen Extremen geprägt scheinenden Realitätsausschnitt bestätigt zu finden.

Was den gewerblichen Sektor anbelangt, so ist es hier zu noch durchgreifenderen Neuerungen gekommen als im landwirtschaftlichen Bereich. Sie liegen in der nebenberuflichen Herstellung von Betonziegeln, die an der Luft getrocknet werden. Seit einigen Jahren hat ganz Mexiko eine derartige Baukonjunktur erfaßt, daß die traditionellen Ziegelbrennereien schon lange nicht mehr dem sprunghaft gestiegenen Ziegelbedarf nachkommen können. Die Lücke haben kleine Familienbetriebe und nebenberufliche Hersteller schnell erkannt, indem sie die Preise mit ungebrannten Betonziegeln unterbieten. In der Qualität ist diese Sorte — ebenso wie die gebrannten Ziegel — den herkömmlichen Adobeziegeln weit überlegen, so daß sie einen reißenden Absatz finden. In dem absolut gewerbeschwachen Tlaxcala bestehen besonders günstige Rezeptionsbedingungen für diese Innovation. Xicoténcatl gehört zu den ersten Dörfern, die diesen Gewerbezweig aufgegriffen haben (vgl. auch SEELE 1968b).

Der Herstellungsgang ist denkbar einfach: Als Rohmaterial sind Zement (25 kg), Barranca-Sediment (60 kg), Natursteinchen (60 kg) mit einer Körnung von 1—3 cm, ferner eine Gußform mit 4 Kammern notwendig. Aus diesem Material können pro Tag 68 Ziegel hergestellt werden. Nach Abzug der Herstellungskosten verbleiben gut 1 Peso pro Stück als Gewinn. Sogar für die Kinder erwächst daraus eine kleine Verdienstquelle, indem ihnen das Sammeln von Kieselsteinen mit 20 Peso pro Sack belohnt wird.

Das Ausmaß, das diese nebenberufliche Ziegelherstellung annehmen kann, ist beträchtlich. Pro Woche beträgt der Nebenverdienst durchschnittlich 200.— Peso. Wenn er das ganze Jahr in dieser Intensität durchgehalten wird, übertrifft er leicht das landwirtschaftliche Einkommen eines 2,5 ha-Betriebes, so daß er echten Haupterwerbscharakter annimmt. Unter Anlegung industriestaatlicher sozialökonomischer Klassifikationskriterien würde ein solcher Betrieb als landwirtschaftlicher Grenzbetrieb, wenn nicht bereits als Nebenerwerbsbetrieb eingestuft. Daß die Ziegelherstellung durchaus gewerblichen Charakter hat und auch ausbaufähig ist, zeigt die starke Verbreitung in Xicoténcatl in etwa 80 % der Privathaushalte und in 9 haupterwerblichen Ziegelbrennereien, die im Ort ansässig sind und ihrerseits auch gewerbliche Arbeitsplätze bieten.

Bevor die Frage der sozialökonomischen Einstufung dieses Phänomens vertieft wird, noch einige weitere Daten zur gegenwärtigen Wirtschafts- und Sozialstruktur des Ortes: Der Anteil der außerlandwirtschaftlich Erwerbstätigen wird für 1974 vom Ejido-Kommissar mit 9,5 % angegeben. (Nach dem Zensus 1970 betrug die Wohnbevölkerung 1531 Einwohner, davon 25 % Erwerbstätige). Soweit diese Leute ihren Arbeitsplatz nicht im Ort selbst haben — dafür kommen mittlerweile etwa 40 in Frage —, pendeln sie wöchentlich in die Städte Tlaxcala, Puebla und Mexiko-Stadt. 15 Ortsangehörige haben einen Arbeitsplatz in der Textilindustrie in der Munizipialstadt Huamantla, die sie täglich erreichen können. Den Anteil von Abwandernden, die besserer beruflicher Chancen wegen ganz in die Stadt abwandern, gibt der Ejido-Kommissar wie auch im Jahre 1971 mit 80 % an, jedoch mit abnehmender Tendenz. Dieser hohe Wert mag angesichts der gestiegenen Erwerbsmöglichkeiten im Ort erstaunen, er ist jedoch leichter zu verstehen, wenn man folgende kleine Überlegung dazu anstellt:

Bei einem Bevölkerungswachstum von derzeit 3,5 % in Mexiko, auf dem Lande eher nach 4 % und mehr tendierend, steigt z. B. in Xicoténcatl die Einwohnerzahl jährlich um mindestens 60 Menschen. Die Zahl der von Jahr zu Jahr ins Erwerbsleben Tretenden dürfte nicht wesentlich geringer sein. Trotz gewachsener Entwicklungsdynamik überschreitet es die Möglichkeiten des Dorfes, dem überwiegenden Teil dieser Menschen einen Arbeitsplatz nachzuweisen. Es dürfte übrigens auch unter den Industrieländern keines bekannt sein, dessen Wirtschaft einem solchen Bevölkerungsdruck gewachsen wäre.

Angesichts dieser Fakten darf es nicht weiter verwundern, daß sich der Prozentsatz der Abwandernden nur ganz unmerklich reduziert. Noch ist es zu früh dafür, hier eine durchschlagende Wandlung erwarten zu wollen. Ganz allmählich beginnt sich erst die lange Warteliste derer abzubauen, die bisher trotz unzureichender Arbeitsmöglichkeiten im Ort verblieben sind und sich mit unterbezahlten Hilfsdiensten durchgeschlagen haben. Die Familienväter führen in dieser Frage ein unerbittliches Regiment und nötigen die heranwachsenden Jugendlichen unmißverständlich, sich ihre Unterhaltsquelle außerhalb des Dorfes zu suchen; der Zusammenhalt des Familienverbandes bleibt davon zunächst unangetastet. Damit ist das dringendste soziale Problem für das Dorf zwar gelöst, für das mexikanische Volk als Ganzes ist es jedoch nur an eine andere Stelle verlagert, nämlich in die Stadt, wo es sich, durch das gleichartige Abwanderungsverhalten im gesamten mexikanischen ländlichen Raum begünstigt, allmählich so stark akkumuliert, daß kaum noch eine Chance zu seiner Lösung besteht. Da sich unsere Untersuchung jedoch nicht mit dem Problem der städtischen, sondern der ländlichen Marginalität beschäftigt, muß die Bevölkerungsabwanderung für den ländlichen Raum durchaus als positives Anzeichen für den Abbau seiner erdrückenden Überbevölkerung gewertet werden. Dieser Migrationsstrom hat die entscheidende Entlastungsfunktion für den ländlichen Raum, und nur durch ihn erhält die zurückbleibende Bevölkerung die Chance, sich in einem halbwegs geordneten Differenzierungsprozeß sozialökonomisch weiter zu entwickeln.

Die Anwendbarkeit des sozialökonomischen Klassifikationsmodells

Dem Leser dürfte aufgefallen sein, daß sich die sozialökonomische Struktur unseres Dorfes nicht ohne weiteres durch das Modell fassen läßt. Zwar bietet das RÖHMsche Modell für die hier scheinbar vorhandenen Grenz- und Nebenerwerbsbetriebe die entsprechenden sozialökonomischen Klassifikationsstufen an; die Verwendung dieses Klassifikationssystems hatte sich jedoch aus grundsätzlichen Erwägungen als unangemessen erwiesen.

Warum kann von echten Grenz- und Nebenerwerbsbetrieben im RÖHMschen Sinne nicht die Rede sein? Ganz einfach deswegen, weil die landwirtschaftlichen Betriebe nach wie vor hauptberuflich geführt werden. Wenn unsere Befragungsergebnisse diesen Sachverhalt nicht hinreichend zutage gefördert hätten, so wäre diese Tatsache auch daran zu ermessen, daß seit dem ersten Auftauchen des „Nebenerwerbs" nicht etwa ein landwirtschaftlicher Produktionsrückgang, sondern eine Produktivitäts- und Produktionssteigerung mit den beschriebenen neuen Formen der Marktorientierung usw. eingesetzt hat. Nach den in Europa bekannten Erfahrungen bei Übergängen von vollerwerblichen zu nebenerwerblichen landwirtschaftlichen Betriebsformen wäre eine solche Entwicklung zumindest ungewöhnlich. So kommt man auch über diese Überlegungen zu der sicheren Annahme, daß die Ziegelherstellung, die auf den ersten Blick als nebenberuflich betrieben erscheint, einer vollberuflichen Existenzform zugeschrieben werden muß.

Wer sind die Träger dieser neuen vollberuflichen Erwerbsexistenzen? Sie gehören den gleichen Familien an, die vorher von der Bodenbearbeitung allein leben mußten. Im allgemeinen ist es so, daß eine beruflich nicht ausgelastete Person, der Schwager, Bruder, Sohn oder Schwiegersohn, nachrückt, um eine der beiden Funktionen, die Landwirtschaft oder die Ziegelherstellung, voll zu versehen. In den Fällen, in denen in Ermangelung anderer männlicher Familienangehöriger nur die Ehefrau für die Übernahme der neuen Funktion in Frage kommt, sind auch unter den beiden Ehegatten die Aufgabenbereiche streng abgegrenzt. Die Frau ist dann natürlich für die Landwirtschaft zuständig. Das ist übrigens derjenige Fall, der am ehesten Anklänge zu entsprechenden Nebenerwerbsverhältnissen in Europa aufkommen ließe.

Wie man sieht, hat das gewerbliche Einkommen überwiegend insofern Nebenerwerbscharakter, als es zur Verbesserung des Familieneinkommens, nicht des Einzeleinkommens beiträgt. Daß damit auch eine Entlastung der ohnehin überlasteten agrarischen Basis verbunden ist, liegt auf der Hand. Vermutlich wäre man nie das landwirtschaftliche Innovationsrisiko der Kartoffelrotation eingegangen, hätte nicht das dazu gewonnene gewerbliche Familieneinkommen dieses Risiko kalkulierbarer erscheinen lassen.

Hier liegt das auslösende Moment zur Erweiterung unseres Modells. Das neu hinzugetretene gewerbliche Einkommen muß als Ergänzung des Gesamt-Familieneinkommens und nicht als Ergänzung des landwirtschaftlichen Einkommens des Betriebsinhabers allein aufgefaßt und klassifizierbar gemacht werden. Der sozialökonomische Standort solcher gemischt verdienenden Familien läßt sich dann einfach aus den unterschiedlichen Anteilen landwirtschaftlicher und nicht-landwirtschaftlicher Arbeit bestimmen. In dieser Überlegung ist durchaus der alte RÖHMsche Gedanke wiederzuerkennen, nur daß es einer Angleichung an die andersartige mexikanische sozialökonomische Familienstruktur bedurfte.

Um die Modellerweiterung nicht nur in Anpassung an den sozialökonomischen Typ Xicoténcatl vorzunehmen, sondern einer vermutlich generell sich verbreitetenden Welle von ländlichen Gewerbeansiedlungen in Mexiko Rechnung zu tragen, soll dieser neue landwirtschaftlich gewerbliche Differenzierungsgang eine möglichst allgemein verwendbare Form erhalten. Dabei scheint es vor allen Dingen sinnvoll, den Begriff „gewerblich" auf „nicht-landwirtschaftlich" auszudehnen, um auch alle denkbaren Fälle nichtlandwirtschaftlicher Einkommensquellen, die nicht zugleich gewerblich sind, erfassen zu können. Diese Erwerbsquellen unterscheiden sich von den im Subsistenzdifferenzierungsgang angedeuteten prinzipiell dadurch, daß diese einen echten Differenzierungsstatus einer ehemals ausschließlich agrarisch orientierten Familie signalisieren, während jene der reinen Subventionierung, leider auch Perpetuierung des Subsistenzwirtschaftsstatus dienen, also nur scheinbar sozialökonomisch differenzierend wirken. Daß sie sich jedoch in ein echtes außerlandwirtschaftliches Einkommen ausweiten können, ist bei der Radikalität der mexikanischen gesellschaftlichen Entwicklungsgänge nicht auszuschließen.

Bei der Kombination der landwirtschaftlichen und nicht-landwirtschaftlichen Einkommenstypen sollte man von dem Typ des überwiegenden landwirtschaftlichen Einkommens ausgehen, um die Bewegungsrichtung des Differenzierungsganges anzudeuten. Um die erste sozialökonomische Klasse und auch alle anderen für spätere Fälle zugleich quantifizierbar zu machen, sollten die Anteile des landwirtschaftlichen bzw. nicht-landwirtschaftlichen Einkommens prozentual gestaffelt werden, so daß das Modell nunmehr folgende Gestalt annimmt.

Tabelle 5: Das erweiterte sozialökonomische Klassifikationsmodell (Typ Xicoténcatl)

Undifferenzierte, isolierte Subsistenzwirtschaftsgesellschaft

„Subsistenzdifferenzierungsgang"[7])	„Marktorientierungsgang"[7])	„Gemischter Einkommensdifferenzierungsgang"[7])
Landw. Familien (Subs.) ohne sonstig. Einkommen bzw. Tagelöhner ohne Land	Landw. Familien (Subs.) mit gelegentlichen Ernteüberschüssen	Familien mit überwieg. landw. Einkommen: landw. Eink. > 50 % des Gesamteink.
Landw. Familien (Subs.) mit dorfgebundener Nebenbeschäftigung; bzw. Tagel. m. landw. Nebenerw.	Landw. Familien mit regelmäßiger Überschußproduktion	Familien mit ausgeglichenem landwirtschaft. u. nicht-landw. Eink.
Landw. Familien (Subs.) mit Fam.-Angehörigen in dorfgebundener außerlandw. Vollbeschäftigung	Landw. Familien mit gezielter Marktproduktion	Familien mit überwieg. nicht-landw. Eink. > 50 % des des Gesamteink.
Landw. Familien (Subs.) m. Fam.-Ang. in nicht-dorfgebundener außerlandw. Vollbeschäftig.	Landw. Familien mit gezielter Marktproduktion und arbeitsteiliger Vermarktungsorganisation	Familien mit ausschl. nicht-landwirtschaftl. Einkommen
Subventionierte Subsistenzfamilien	Marktorientierte landwirtsch. Familien mit Verselbständig. im Handel	

Differenzierte, integrierte, urbane (Industrie-) Gesellschaft

[7]) Die Pfeile im Modell deuten an, daß der Differenzierungsprozeß nicht ein lückenloser Durchgang durch jede einzelne Differenzierungsstufe ist, sondern daß Differenzierungssprünge sowohl innerhalb eines jeden Differenzierungsganges für sich als auch von dem einen zum anderen möglich sind (vgl. auch Tab. 2, S. 21)

Das Modell ist um den rechten Differenzierungsgang erweitert worden, wodurch jetzt alle gemischten bzw. ggf. auch nicht-landwirtschaftlichen sozialökonomischen Differenzierungsformen erfaßbar sind. Dabei bleiben die in den beiden ersten Differenzierungsgängen dominierenden Unterscheidungskriterien, Subsistenzwirtschaftstyp und Marktorientierungstyp, verbal unberücksichtigt; sie fließen in die sozialökonomischen Klassen des dritten Differenzierungsganges in Form der Prozentualangabe ein, die Aufschluß darüber gibt, in welchem Verhältnis das landwirtschaftliche Einkommen zum nicht-landwirtschaftlichen steht.

Der Subsistenzdifferenzierungsgang und der neugeschaffene gemischte Einkommensdifferenzierungsgang stehen aber in einer engen Entwicklungsbeziehung zueinander. Die außerlandwirtschaftlichen Vollbeschäftigungsformen im Subsistenzbereich schienen Anfang der 70er Jahre, als dieser Teil des Modells konzipiert wurde, mit Ausnahme einiger weniger dorfgebundener Arbeitsplätze nur im außerdörflichen Bereich realisierbar. Das Ergebnis der damaligen Entwicklung mußten zwangsläufig hohe Abwanderungsraten bzw. zahlreiche im Subsistenzbereich zurückbleibende Kernfamilien sein, welche günstigstenfalls von den aus dem Familien- und Dorfverband ausgeschiedenen Erwerbspersonen weiter unterstützt werden (subventionierte Subsistenzgesellschaft). Diese Situation hat sich bis heute zwar nicht schlagartig geändert, aber die beschriebenen sozialökonomischen Strukturwandlungen von Xicoténcatl deuten eine mögliche Richtungsänderung dieser Entwicklung an, indem nicht-landwirtschaftliche Vollerwerbsformen in größerem Ausmaße neuerdings auch im dörflichen Bereich möglich sind. Insofern stellt der gemischte Einkommensdifferenzierungsgang die logische Alternativentwicklung und Weiterführung des Subsistenzdifferenzierungsganges dar. Es bleibt zu überlegen, ob man nicht an späterer Stelle die beiden vorwiegend landwirtschaftlichen Differenzierungsgänge in eine schlankere Gestalt umformen sollte, wenn sich die Vermutung bestätigt, daß der ländliche Raum zunehmend zum Schauplatz landwirtschaftlich-gewerblicher Differenzierungsprozesse wird.

Zusammenfassung der Ergebnisse des sozialökonomischen Klassifikationsversuchs von Xicoténcatl

Als Ergebnis des Klassifikationsversuchs von Xicoténcatl läßt sich festhalten, daß sich die überwiegende Zahl der Familien im Jahre 1974 den sozialökonomischen Gruppen „Landwirtschaftliche Familien mit Überschußproduktion", „Landwirtschaftliche Familie mit gezielter Marktproduktion" und den einzelnen sozialökonomischen Klassen eines neugeschaffenen gemischten Differenzierungsganges zuweisen läßt, der auf den unterschiedlichen Kombinationsmöglichkeiten von landwirtschaftlichem und nichtlandwirtschaftlichem Einkommen basiert. Bei etwa 20 % der Familien, welche sich der Innovation der Mais—Kartoffel—Getreide—Rotation bzw. der Betonziegelherstellung bislang verschlossen haben, gilt noch die Zuordnung zur Gruppe der „Subsistenzfamilien ohne sonstiges Einkommen", welche 1971 fast ausnahmslos den sozialökonomischen Status des Dorfes kennzeichnete. Das Eindringen außerlandwirtschaftlicher Erwerbsformen stellt insofern einen auch mit industriestaatlichen Maßstäben faßbaren Nebenerwerb dar, als er zusätzliche vollberufliche Einkommensmöglichkeiten zur Aufstockung ehemals rein agrarisch strukturierter Familieneinkommen bietet. An ihnen ist der Übergang einer ehemals ausschließlich bodenbezogenen ländlichen Subsistenzgesellschaft zu sekundärwirtschaftlichen Erwerbsformen erkennbar. Die Betonziegelherstellung verkörpert eine neue vollberufliche Existenzform, die vollberechtigt neben einer sich intensivierenden Landwirtschaft ihren Platz hat. Landwirtschaftliches und gewerbliches Einkommen, aus unterschiedlicher Hand erworben, vereinigen sich in ihrer auf den Gesamtfamilienunterhalt gerichteten Zweckbestimmung und fungieren damit hinsichtlich unseres Forschungsansatzes als Indikatoren für die sozialökonomische Standortbestimmung der Familie. Da die aktuelle sozialökonomische Entwicklung Xicoténcatls von den an sich getrennt in Ansatz gebrachten Differenzierungsprinzipien der Subsistenz-Gewerbe-Polarität und der Nutzungsintensivierung gleichzeitig gekennzeichnet ist, erwies es sich als notwendig, das Modell zu erweitern, wodurch jetzt auch die kombinierten sozialökonomischen Familientypen eingeordnet werden können.

III. Die räumlich und sozial peripher gelegene Subsistenzgemeinde mit beginnendem Wandel der Berufs- und Sozialstruktur Ejido Benito Juárez, Municipio Huamantla, Bundesstaat Tlaxcala

Tabelle 6: Zensusdaten von Benito Juárez 1970

1379 Einwohner
— davon: 28,7% erwerbstätig
    davon: 81,8% in der Landwirtschaft
            6,3% in der Industrie
          11,4% in Handel und Dienstleistungen
—. davon: 68,9% alphabetisiert
— davon: 74,3% mit Primarschulbildung
— davon: 8,8% in Ausbildung befindlich

177 Häuser
— davon: 63,8% mit Wasseranschluß im Haus
— davon: 2,8% mit Wasseranschluß im Hof
— davon: 1,7% mit Kanalisation
— davon: 66,7% mit gesondertem Fußboden über dem Erdboden
— davon: 87,6% mit elektrisch Licht
— davon: 66,7% mit Radio
— davon: 11,3% mit Fernsehen

Auch bei diesem Modelltest steht der prozessuale Charakter im sozialökonomischen Differenzierungsgang der mexikanischen ländlichen Familie im Mittelpunkt. Denn wie bei Xicoténcatl bestand Gelegenheit, den Ejido Benito Juárez in dem genannten Intervall von drei Jahren, 1971 und 1974, zweimal zu besuchen.

Benito Juárez liegt in dem gleichen abgeschiedenen Gebiet des oberen Blocks von Tlaxcala, etwa 20 Autominuten auf unbefestigtem Landweg von Xicoténcatl entfernt. Es herrschen hier die gleichen rauhen Naturbedingungen, die einer durchschlagenden Strukturverbesserung im agrarischen Bereich hemmend entgegen wirken. Versuche mit Blumenzucht und Obstkulturen haben sich als Fehlschlag erwiesen.

Im Gegensatz zu Xicoténcatl verfügte Benito Juárez bereits 1971 über einen kleinen Bereich Bewässerungsland, das gut 6% der Gemarkung einnahm. Es wurde in einem 6-Jahreswechsel mit reiner Alfalfa- bzw. Alfalfa-Hafer-Saat genutzt. Auf dem Trockenfeldland wurde zu 80 % Mais angebaut, die restlichen 20 % entfielen auf Gerste und Bohnen. Die Betriebsgrößenklassen ließen sich nach der Zugehörigkeit zum Bewässerungsland gliedern. Alle 167 Ejido-Familien verfügten zwar über 6 ha Land, bei 28 gliederte sich dieser Besitz jedoch in 2 ha Bewässerungs- und 4 ha Trockenland auf. Die Bewässerungsflur lag in einem Block zusammen. Sie umfaßte 56 ha gegenüber 922 ha Gesamtgemarkungsfläche. Der Impuls zur Einrichtung einer Bewässerungsanlage ging von der mexikanischen Bundesregierung während der Präsidentschaft von Adolfo Ruis Cortínes im Jahre 1953 aus: Sie besorgte den Brunnenbau, das Wasserbauministerium Recursos Hidráulicos installierte die Pumpe, die allerdings im Jahre 1961 erneuert werden mußte. Dem Dorf waren bis dahin keine weiteren Unkosten bis auf die Entrichtung einer Wasserentnahmegebühr von 14.40 Peso pro Stunde entstanden. 1969 übernahm es eine Gruppe von 28 risikobereiten Ejidatarios, bei der Banco Agropecuario del Sur den Kredit (von 549 000.— Peso) für die Installierung einer modernen Elektropumpe aufzunehmen. Die Rückzahlung dieses Kredits lief im Jahre 1971 aus.

Die bescheidene Bewässerungsfläche von 6 % mit einer intensiven Grünfutternutzung bildete die Grundlage für eine nennenswerte Milchviehzucht im Dorf. Aber nur 6 Ejidatarios vereinigten den Kuhbestand von 46 Stück auf sich. Pro Liter Milch erzielen sie 1.20 Peso. Die besonderen Bemühungen der Ejidatarios richteten sich denn auch auf den Ausbau dieses Sektors innerhalb der landwirtschaftlichen Nutzung. Die Einrichtung von zwei weiteren Brunnen war geplant, um die Grünfutterproduktion auszudehnen. Daneben stand der Bau einer Trocknungsanlage auf dem Programm, um die erwarteten Alfalfa-Überschüsse konservieren zu können. Schließlich trug sich eine Gruppe von Ejidatarios mit dem Gedanken, ebenfalls auf Kredit, den ihnen die Banco Agropecuario del Sur einzuräumen bereit war, einen Großviehstall zu bauen. Alle genannten Initiativen waren auf die besondere Rührigkeit des amtierenden Ejido-Kommissars zurückzuführen.

Für die agrarische Überschußproduktion existierte ein Vermarktungssystem, das unabhängig von dem im Zusammenhang mit Xicoténcatl erwähnten Aufkaufswesen durch die Ejidalbank war. Die Ejidatarios ließen ihre Erzeugnisse von einigen darauf spezialisierten Ejido-Genossen in die Munizipialstadt Huamantla transportieren und vermarkteten sie dort selbst. Die Einkünfte waren höher, und man entging der Ausgeliefertheit gegenüber amtlichen Schätzern und Aufkäufern, die nicht selten nur ihren eigenen Vorteil im Auge hatten.

Die landwirtschaftliche Arbeitsstättenbilanz ähnelte der von Xicoténcatl. Neben der Bewirtschaftung der eigenen Ejidoparzelle bestand die einzige außerbetriebliche Erwerbsmöglichkeit im Tagelöhnerdienst auf den benachbarten Ranchos. Unter ihnen spielt die ehemalige Hacienda Santa Clara, die 1937 einen Teil ihrer Ländereien an die damals gegründete Ejido-Kolonie Benito Juárez abtreten mußte, eine besondere Rolle, weil sie in der Erntezeit nicht weniger als 40 Tagelöhner beschäftigen kann. Die gezahlten Tagelöhne lagen unter dem gesetzlich garantierten Mindestlohn von 20.— Peso im Jahre 1971. Die „Resthacienda" verfügt heute noch über 2000 ha Betriebsgröße.

Im landwirtschaftlich-gewerblichen Bereich bestanden saisonale Erwerbsmöglichkeiten in Form des erwähnten Transportes von Agrarprodukten auf den Markt von Huamantla. Darüber hinaus bot die Vermietung von Traktorendiensten bei Feldarbeit und schwerem Lastentransport eine begrenzte Erwerbsquelle. Damals konnten jedoch nur zwei Fälle dieser Art gegenüber 6 in Xicoténcatl registriert werden.

Im außerlandwirtschaftlichen Bereich beschränkte sich 1971 das Angebot von Erwerbsquellen außer den üblichen Stellen des Pfarrers und des Lehrers auf ein mit großem persönlichem Initiativgeist betriebenes Personenbeförderungsunternehmen. Drei Ortsangehörige betrieben die Linie Benito Juárez — Huamantla mittels eines ihnen gemeinsam gehörenden Omnibusses. Sie fuhren die Route täglich ein- bis zweimal ab und kassierten pro Person und Richtung 1 Peso. — In auswärtigen Arbeitsverhältnissen verdienten 220 Ortsangehörige ihr Brot. Sie arbeiteten in den Städten Tlaxcala, Puebla und Mexiko-Stadt und pendelten, sofern verheiratet, wöchentlich zwischen Wohn- und Arbeitsort.

Tabelle 7: Ausgewählte Strukturdaten von Benito Juárez
(nach der Aufnahme von 1971)

Benito Juárez

Familiengrößen- und Altersstruktur	Gesamtbevölkerung: Zahl der Ejidatarios: Auf die Familiengrößenklassen... entfallen... % aller Familien:		1397 E. 167 Ej.
		bis 5 Personen	3 %
		6 + 7 Personen	30 %
		8 bis 11 Personen	60 %
		über 11 Personen	7 %
	Auf die Altersklassen... entfallen.... Ejidatarios	keine Angaben	
Betriebsstruktur	Ejidobetriebe	167	
	Betriebsgrößen- klasse	Trockenland 6 ha	Bewäss. + Trockenland 2 ha + 4 ha
	Betriebe	135 (Trockenl.)	28 (Bewäss. + Trock.)
	Vieh: Pferde Kühe Esel Chemischer Dünger Steuern pro Betr.	zus. 38 6 Betr. mit zus. 46 zus. 180 keine Angaben 35 Pesos	
Bodennutzg. (in % der Betriebsfl.	Mais Alfalfa/Hafer Futtergerste Bohnen übrig. + Garten Ertrag: Mais Ertrag: Gerste	80 % 10 % 10 % — 850 bis 1000 kg/ha 1000 kg/ha	80 % 100 % 10 % 10 % —
Sozialök. Struktur	Hauptberuf: Nebenberuf: Bareinkommen	Campesino 3 Campesino betreiben 1 Omnibus; 2 Traktorenverm. keine Angaben	Campesino
Infra-Struktur	Elektrisch Licht: Trinkwasser: Radiogerät: Fernsehen:	alle 75 Hausbrunnen alle keine Angaben	

(nach Angaben des Ejido-Kommissars)

Die Abwanderungsrate der im Erwerbsleben des Dorfes keinen festen Platz findenden Jahrgänge lag 1971 nach Auskunft des Ejido-Kommissars unter 80 %. Diese Tatsache fand ihren Niederschlag in einer relativ starken Besetzung der höheren Familiengrößenklassen von 8—11 Personen. Dieser große Bevölkerungsdruck auf die Erwerbsgrundlagen des Dorfes schien sich aber nicht in einem geringeren Lebensstandard auszudrücken, zumindest was die infrastrukturelle Ausstattung des Dorfes anbelangt. Ein Radio war in jedem Haus zu finden[8]), eine gegliederte Raumaufteilung wiesen mehr als die Hälfte der Häuser auf.

Die Anwendbarkeit des sozialökonomischen Klassifikationsmodells auf die Situation im Jahre 1971

Die verschiedenen sozialökonomischen Strömungen lassen sich einem sozialökonomischen Typ allein nicht zuordnen. Einerseits waren klare Bestrebungen zu einer Weiterdifferenzierung im agrarischen Bereich erkennbar. Das betrifft vor allem die Gruppe um den Ejido-Kommissar, welche ihre Initiativkraft schon einmal bei der Übernahme des Finanzierungsrisikos zur Renovierung der Pumpe unter Beweis gestellt hatte. Sehr wahrscheinlich ist der Kern dieser Gruppe in den 28 Bewässerungsland-Ejidatarios zu suchen. Sie dürften sich dem Marktorientierungsgang des Modells zuordnen lassen, d. h. konkret der Gruppe „landwirtschaftliche Familien mit gezielter Überschußproduktion und Marktorientierung". Ob sie möglicherweise auch Anteile an dem kombinierten Typ „mit Familienangehörigen in dorfgebundener . . . " oder „. . . außerdörflicher Vollbeschäftigung" haben, müßte von Fall zu Fall entschieden werden. Dafür reicht dieses nur von Erhebungen beim Ejido-Kommissar stammende Material nicht aus. Es kann sein, daß die betriebliche Intensivierungs- und Differenzierungsbereitschaft dieser Leute Ausdruck eines mobilen Gesamtverhaltens ist, welches ihnen auch den Entschluß leicht fallen ließ, sich nach lukrativen auswärtigen Einkommensmöglichkeiten umzuse-

---

[8]) entgegen den Angaben in der amtlichen Statistik, vgl. Tab. 6, S. 46

hen. Es kann aber auch sein, daß sich ein solches mobiles Verhalten ganz auf den innerbetrieblichen Fortschrittsdrang konzentrierte, welcher eine überdurchschnittliche Verbleibensquote im häuslichen Umkreis zur Folge hatte. Die Beantwortung der Frage bleibt künftigen Besuchen vorbehalten.

Der quantitativ stärkere Bevölkerungsteil von Benito Juárez läßt sich dem noch im Trockenfeldbau verharrenden Subsistenzdifferenzierungsgang zuweisen. Hier dürften sich jedoch Differenzierungsunterschiede ergeben, je nach der Art des außerlandwirtschaftlichen Zweiteinkommens. Die Gruppe der gelegentlichen Peones könnte in dem sozialökonomischen Typ „mit Familienangehörigen in dorfgebundener Nebenbeschäftigung" untergebracht werden. Der Löwenanteil der 220 auswärtigen Erwerbstätigen ist ebenfalls in der Gruppe des Subsistenzdifferenzierungsganges anzusiedeln, so daß vor allem wohl die Gruppe „mit Familienangehörigen in außerdörflicher Vollbeschäftigung" noch kräftige Zuweisungen erhalten dürfte.

Strukturwandlungen bis zum Jahre 1974

Im landwirtschaftlichen Bereich hat Benito Juárez im Jahre 1974 entgegen den begründeten Anzeichen aus dem Jahre 1971 keine Wandlungen vorzuweisen. Das Bewässerungsland ist nicht erweitert worden, und das Nutzungssystem sowohl im Bewässerungs- als auch im Trockenfeldbereich ist das gleiche geblieben. Für etwaige Innovationsströmungen, die sich auf das Eindringen von Kartoffelanbau – sei es in monokultureller Nutzung oder nach dem Muster Xicoténcatls – gerichtet haben könnten, hat sich Benito Juárez als absolut unempfänglich erwiesen. Das mag besonders deshalb erstaunen, als unmittelbar an die Ejidokolonie ein Kartoffelrancho angrenzt. Nach Auskunft des Ejido-Kommissars ist mit solchen Nutzungsänderungen vorerst auch nicht zu rechnen, weil sich das Interesse des Dorfes auf andere Entwicklungsziele – gewerblich-landwirtschaftliche wie rein gewerbliche – richte.

Eines dieser Unternehmen ist die Unterhaltung eines Großviehstalls, mit dessen Errichtung schon im Jahre 1971 begonnen worden ist. Zu seinen Betriebszielen gehört die Milchproduktion und die Kälberaufzucht. Die Milchkälber verbleiben in der Anlage, die Stierkälber werden nach der Geburt verkauft. Die Fortpflanzung wird durch künstliche Besamung gesteuert, für die ein Zuchtbulle mit guten Erbanlagen zur Verfügung steht.

Der gegenwärtige Viehbestand beträgt 268 Milchkühe und 68 Kälber. Die Tiere verbringen ihr Leben in einem Kral von etwa 2 ha Größe, in dem jeglicher Graswuchs durch das dichte Hufgestampf unterbunden wird. Das Futter kommt aus der dorfeigenen Grünfutterproduktion, ferner aus hinzugekauftem Trockenfutter und Kraftfutterbeimengungen. Zur Fütterung, Reinigung und Milchabnahme werden die Tiere in die zu diesem Zweck eingerichteten Boxen getrieben. Die mit elektrischen Melkmaschinen gewonnene Milch wird kurz gereinigt und in einen Kühlbehälter geleitet, der eine konstante Temperatur von 4° hält. Per Tankwagen wird die Milch dann nach Mexiko-Stadt transportiert.

Die tägliche Milchleistung beträgt mehr als 4000 l. Pro Tier werden durchschnittlich 15 l veranschlagt. Das Liter Milch erbringt einen Erzeugerpreis von 2.40 Peso, das doppelte wie die qualitativ schlechtere im Jahre 1971, so daß man von einer täglichen Bareinnahme von nahezu 10 000.— Peso ausgehen kann. Davon müssen die Transportkosten für die Milch, die Futterausgaben, die Kreditzinsen, Tilgungsbeträge und Lohnkosten abgerechnet werden. Die Lohnkosten sind relativ gering, da 9 Landarbeiter mit einem Tagelohn von 30.— Peso in der Lage sind, den Betrieb aufrechtzuerhalten. Die veterinärmedizinische Aufsicht versieht ein Teilzeit-beschäftigter junger Tierarzt.

Die Besitzer der Viehzuchtanlage sind die 28 Ejidatarios, die sich 1971 bereits als besondere sozialökonomische Gruppe hatten ausgliedern lassen. An ihrer Spitze steht ein ehemaliger Ejido-Kommissar, auf dessen Namen man immer wieder stößt, wenn von Neuerungen im Dorfe die Rede ist. Der Bau der Anlage hat 4 Millionen Peso gekostet, welche die Banco Agropecuario del Sur, nicht die Ejidalbank, mit einer Laufzeit von 11 Jahren bereitgestellt hat.

Bis zur vollen Bezahlung bleibt das Unternehmen, d. h. sein wirtschaftlicher Wert, Eigentum der Bank. Von der hypothekarischen Belastbarkeit ist bekanntlich Ejidoland ausgenommen, weil es dem Ejidatario nur in einer Art Lehen zur Verfügung gestellt wird. Das bedeutet natürlich eine Zurücksetzung der Ejidatarios gegenüber vergleichbaren Kleinlandbesitzern. Im Industriegebiet um Puebla und Xoxtla, wo das schwerindustrielle HYLSAMEX-Werk beheimatet ist, hat es deswegen bereits Unruhen unter der Bevölkerung gegeben. Denn bei der Ausweitung von Werksgelände wurden ejidale Kleinlandbesitzer entschädigungslos enteignet, obwohl der Staat Verkaufserlöse für das Land einstrich, während die privaten Kleinlandbesitzer ihr Geld direkt erhielten. Sie erhielten meistens auch — wie bereits erwähnt — Präferenzansprüche auf bevorrechtete betriebliche Verwendung.

Der äußere Eindruck, den man von der Viehzuchtanlage gewinnt, erinnert sehr an einen unternehmerisch geführten Großviehrancho der Umgebung von Benito Juárez. Ein solches Vorbild dürfte auch Pate gestanden haben bei der Planung des Projektes durch die Ejidatario-Gemeinschaft. Dabei sollte die Rolle des besagten Ejido-Kommissars als Wegbereiter dieser unter ejidalen Verhältnissen als Innovation anzusehenden Neuerung nicht unterschätzt werden. Benito Juárez wiederum scheint als Vorbild für andere Ejidos zu fungieren. Der benachbarte Ejido San Pedro Tecoac befand sich 1974 bereits in Verhandlung mit der Banco Agropecuario del Sur, um den Kredit für ein ähnliches Projekt zu erhalten.

Die besonderen Aktivitäten der 28 Bewässerungsland-Ejidatarios erwecken den Eindruck, daß es sich bei ihnen um eine Vereinigung handelt, die um sich herum den Geruch einer für ländliche Gebiete sonst nicht typischen Exklusivität verbreitet. Dieser Verdacht erhält Nahrung dadurch, daß ein Teil von ihnen auch an einem gewerblichen kapitalintensiven Unternehmen beteiligt ist, welches im Anschluß beschrieben werden soll. Von dieser Gruppe gehen jedoch auch Impulse aus, die dem Gesamtnutzen des Dorfes dienen. Die Schwierigkeiten, die der Installierung der Pumpe entgegenstanden, sind inzwischen aus dem Wege geräumt, so daß die Ausdehnung des Bewässerungslandes bevorsteht. Die Finanzierung des Dehydrationssilos durch die Banco Agropecuario del Sur ist auch gesichert, so daß die erhöhte Grünfutterproduktion einen dankbaren Abnehmer finden dürfte. Für die fernere Zukunft stehen der Bau einer Schweinemastanlage und einer Hühnerfarm auf dem Programm. Die landwirtschaftlich sonst nicht nutzbaren Ödlandflächen des Ejido, die nicht weniger als 2000 ha ausmachen, würden sich für diesen Zweck besonders gut eignen.

Es handelt sich bei dem gewerblichen Unternehmen, auf das bereits hingewiesen worden ist, um eine Konfektionsfabrik, die im Mai 1974 ihre Produktion aufgenommen hat. Sie liegt keine 500 m entfernt von der Viehzuchtanlage und ist ebenfalls auf Gemeinschaftsbasis von 13 Ejidatarios errichtet worden, unter denen der genannte Ejido-Kommissar eine führende Rolle spielt. Die Kreditsumme in Höhe von ebenfalls 4 Millionen Peso wurde von derselben Bank zur Verfügung gestellt. Sie muß in einer Frist von 20 Jahren zurückgezahlt werden. Die hypothekarischen Bedingungen sind die gleichen wie bei der Viehzuchtanlage.

Die Fabrik beschäftigt 86 Arbeitnehmer, darunter überwiegend Frauen. Bis auf das leitende Personal von 4 Angestellten, die aus ferneren Städten wie Aguascalientes, Oaxaca und Mexiko-Stadt stammen, sind in der Fabrik nur Ortsangehörige tätig. Ihr Arbeitsplatz besteht aus einem Nähtisch und einer Nähmaschine, an der sie die Stoffteile zusammennähen, die ihre männlichen Kollegen in einer gesonderten Zuschneideabteilung vorbereiten. Für die ausreichende Beherrschung dieser Arbeitsverrichtungen bedarf es nur einer kurzen Anlernzeit. Vorerst besteht der Arbeitstag aus einer Schicht von 7 Stunden. Falls der Absatz sich gut weiterentwickelt, ist an die Einrichtung einer zweiten Schicht gedacht, wodurch sich die Zahl der Arbeitsplätze verdoppeln würde.

Unter den Standortfaktoren, die die Einrichtung einer Fabrik an dieser Stelle maßgeblich beeinflußt haben, ist zuerst die persönliche Initiative des Ejido-Kommissars und eine möglicherweise begünstigende politisch-private Konstellation, die den bürokratischen Aufwand bei der Bereitstellung der Kredite zu vereinfachen geholfen haben mag, zu nennen. Der Textilindustrie, die traditionell eine weite Verbreitung in den Bundesstaaten Tlaxcala und Puebla – wie auch in anderen Teilen Mexikos – hat, sind spezifische Standortfaktoren nicht zuzuschreiben, mit Ausnahme des hohen Arbeitskräftebedarfes, der aber überall im überbevölkerten Hochland von Zentralmexiko gedeckt werden könnte. Unter den Handelspartnern der Fabrik spielt die Munizipialstadt Huamantla überhaupt keine Rolle. Die Hauptstadt Mexiko-Stadt ist der wichtigste Abnehmer der Konfektionsprodukte, darunter Hosen, Hemden und andere Kleidungsstücke. Nach Puebla, Oaxaca und Guadalajara gehen ebenfalls verschiedene Lieferungen. So lassen sich auch aus der Betrachtung der Handelsstruktur keine Rückschlüsse über Standortgunst und -ungunst von Benito Juárez ableiten.

Gewerblich-ländliche soziale Schichtenbildung in Benito Juárez

Bevor die klassifikatorische Einordnung der sozialökonomischen Befunde von Benito Juárez vorgenommen wird, kurz noch einige grundsätzliche Gedanken zum wirtschaftlichen und sozialen Wandlungsprozeß, welcher sich unter dem Stichwort der gewerblich-ländlichen Schichtenbildung darstellen läßt. Um die wesentlichen Momente dieses Entwicklungsprozesses zusammengefaßt zu nennen:

1. Die naheliegenden und 1971 prognostizierbaren Entwicklungsprojekte haben sich ähnlich wie in Xicoténcatl nicht realisieren lassen. Es sind damit die Erweiterung des Bewässerungslandes und der Bau der Dehydrationsanlage gemeint: Projekte, welche im rein landwirtschaftlichen Bereich anzusiedeln sind.

2. Die Viehzuchtanlage ist als landwirtschaftlich-gewerbliches Unternehmen zu bezeichnen. Projiziert man auf den real abgelaufenen Entwicklungsgang in Benito-Juárez ein logisches Sequenzmodell, so hätte das Viehzuchtprojekt als Folge der sich erhöhenden Grünfutterproduktion zumindest nicht vor der erheblich leichter zu realisierenden Erweiterung des Bewässerungslandes und dem Bau der Dehydrationsanlage in Angriff genommen werden sollen.

3. Das rein gewerbliche Unternehmen der Konfektionsfabrik, das in Kreditbeschaffung, Planung und Durchführung sicher das komplizierteste unter den dreien ist, ließ sich geradezu über Nacht realisieren.

Diese Beobachtungen legen exemplarisch einige Entwicklungskräfte frei, die heute im ländlichen Bereich, speziell im ejidalen, den Verlauf der Ereignisse bestimmen:

Nicht das landwirtschaftliche Entwicklungsprojekt, sondern das gewerbliche hat sich als das dynamischere und stärker bevorzugte erwiesen. Beide untersuchten Ejidogemeinden haben auf diesem Gebiet einen geradezu revolutionär anmutenden Entwicklungsruck durchlebt. Dieser Eindruck wird sich an Hand der folgenden noch abzuhandelnden Testfälle vollends erhärten. Diese Beobachtung gilt sowohl für den privaten als auch den ejidalen Kleinbesitz. Hinsichtlich der Ejidos ist diese Entwicklung besonders erstaunlich, da ihr rechtlicher Status (z. B. Ausgeschlossenheit von der hypothekarischen Belastbarkeit des Landes) ihnen wenig Spielraum für landwirtschaftlich-gewerbliche Mobilität zu lassen scheint.

Diese Entwicklung läßt sich mit einem durch ländliche Gewerbeansiedlungen bedingten sozialen Schichtungsprozeß beschreiben. Im Unterschied zur *rein* ländlichen Unterschicht, worunter vor der Mexikanischen Revolution das Heer der mittellosen und entrechteten Landarbeiter, heute die ebenfalls an der Sohle der sozialen Hierarchie lebenden Gehilfen und Landarbeiter (Peones) zu verstehen sind, zielt die Bezeichnung „gewerblich-ländliche Unterschicht" auf die erst im Entstehen begriffene Gruppe von im ländlichen Raum lebenden Personen, die in stadtähnliche gewerbliche Abhängigkeitsverhältnisse hineinwachsen. Als Endstadium dieser Entwicklung ist eine von der städtischen Unterschicht nicht mehr zu unterscheidende gewerblich-ländliche Unterschicht vorherzusehen.

Die Anzeichen verdichten sich dafür, daß eine solche Entwicklung den Ejido Benito Juárez voll erfaßt hat. Mindestens zwei nicht nur im marxistischen Sinne abgrenzbare soziale Klassen sind klar erkennbar: die Gruppe der Kapitaleigner und Unternehmer, die für den Bau des Großviehstalls und der Textilkonfektionsfabrik verantwortlich sind, und die Gruppe der Arbeitnehmer, welche als landwirtschaftliche bzw. gewerbliche Hilfsarbeiter und Arbeiter in Lohnabhängigkeit stehen. Sie sind das ländliche „Proletariat" in Benito Juárez. Die große Zahl der neugeschaffenen gewerblichen Arbeitsplätze, welche sich möglicherweise demnächst noch verdoppelt, hat dazu geführt, daß einige Familien ihr Einkommen bereits ausschließlich aus der gewerblichen Arbeit beziehen, andere noch über ein Zweiteinkommen aus der Landwirtschaft verfügen. Durchschnittlich entfällt bei einer Belegschaft von vielleicht bald 176 Arbeitnehmern beinahe auf jede Familie des Dorfes ein gewerblicher Arbeitsplatz. Pünktliche Lohnzahlungen, geregelte Arbeitszeit, relativ hoher Lohn und sauberer Arbeitsplatz sind Attraktionsmomente, die für einen dauernden Überschuß von Bewerbern bei der Fabrik sorgen dürften.

Die Unternehmerschicht spielt die gesellschaftliche Führungsrolle im gewerblich-ländlichen Bereich. Sie bestimmt allein die Personalangelegenheiten, Arbeitsplatzbedingungen, das Tempo der betrieblichen Expansion, die Beteiligung an anderen unternehmerischen Projekten. Ihr wirtschaftlicher Vorsprung gegenüber den Arbeitnehmern wird gefestigt und ausgebaut durch Neuinvestitionen, Planung von neuen Projekten — wie beschrieben — usw., aber auch ganz einfach durch Verschuldungspraktiken gegenüber den ihnen in Gelddingen hoffnungslos unterlegenen Dorfgenossen. In Anlehnung an STAVENHAGENs „Ländliche Bourgeoisie", womit er die Schicht der mittleren und größeren Betriebsinhaber von 25—100 ha meint (vgl. S. 14), wäre für die eben beschriebene Gruppe die Bezeichnung „ländliche (gewerbliche) Oberschicht" naheliegend.

Bewertet man die Erscheinung des gewerblich-ländlichen Schichtungsprozesses unter dem Gesichtspunkt des wirtschaftlichen und sozialen Wandels, so dürfte ihr ein größerer ökonomischer Fortschritt zuerkannt werden als dem Verbleiben im Subsistenzstadium, obwohl mit dem proletarischen Status zumindest für eine Zeitlang keine soziale Besserstellung verbunden ist. Die betroffene Bevölkerung empfindet diese Tatsache jedoch nicht als problematisch, zumal sie daran glaubt, daß sich die sozialen Gegensätze mit der Zeit durch den anhaltenden ökonomischen Fortschritt von allein abschwächen oder durch später vorzunehmende „fortschrittliche" Sozialgesetzgebung werden abbauen lassen.

Derartige Erwartungen werden auch überwiegend in der mexikanischen Literatur vorgetragen. Zu ihren Vertretern gehört nicht GONZALES CASANOVA (1970), der im Ansatz die sozialen

Konsequenzen einer solchen Entwicklung sieht. Auch meiner Meinung nach geht ein solches Zukunftsbild, welches vor Ausschöpfung aller agrarischen Möglichkeiten die Proletarisierung der ländlichen Bevölkerung zur Hebung des ländlichen Lebensniveaus billigt, von einem unzulässigen Transfer städtischer gesellschaftlicher Bedingungen auf die sozial gänzlich anders strukturierte Landgemeinde aus. Soziale Differenzierung bedeutet immer auch sozialen Konflikt, der in der Stadt zwischen weitgehend anonymen Gruppen mit anderen Mitteln ausgetragen wird als auf dem Lande, wo soziale Auseinandersetzungen zwangsläufig auch die persönliche Konfrontation mit sich bringen. In einer noch weitgehend von Traditionen geprägten Landbevölkerung werden solche Kraftproben, welche erfahrungsgemäß oft nur eines winzigen äußeren Anlasses bedürfen, um so schneller ein unerträgliches Ausmaß erreichen, als von außen eindringende Strömungen und Kräfte, die in einer mobiler werdenden Gesellschaft nicht auszuschließen sind, auf diesen Prozeß Einfluß nehmen und die Konfliktsituationen anfachen werden. Zweifellos kann es nicht ausbleiben, daß die in den Städten üblichen Ausbeutungspraktiken in der Dorfgesellschaft Fuß fassen werden und die Worte „soziale Differenzierung" oder „ökonomischer Fortschritt" in einem negativen Licht erscheinen lassen. Einem so raschen Umbruch dürfte keine ländliche Gesellschaft der Erde gewachsen sein, ohne daß sich die Zielsetzung dieses Prozesses nicht in das Gegenteil verkehren könnte.

Einem solchen Schicksal wird voraussichtlich auch Benito Juárez nicht entgehen; denn bereits heute gibt es Zündstoff genug für den sozialen Konflikt. Die Arbeitsplätze sind natürlich nicht entsprechend dem mathematischen Durchschnitt verteilt, wonach auf etwa jedes zweite Haus ein Fabrikarbeiter entfallen müßte (bei 86 Arbeitsplätzen in der Fabrik gerechnet), sondern die 13 Unternehmensbesitzer haben zunächst an ihre eigenen Familien gedacht. Es widerspräche jeder menschlichen Erfahrung, wenn der Rest des Dorfes dieser Regelung beifällig zustimmte.Die soziale Spannung verschärft sich dadurch, daß einem Teil der Fabrikinhaber auch noch der Großviehstall gehört und sie zugleich die Besitzer des Bewässerungslandes sind. Das ist jedoch erst der Anfang der Entwicklung.

Es ist schließlich auch der gesamtwirtschaftliche Aspekt im Rahmen der mexikanischen Volkswirtschaft zu berücksichtigen. Man darf nicht übersehen, daß die Zweiteilung in Stadt und Land, in gewerbliche und agrarische Produktionspotentiale einem sinnvollen Funktionsteilungsprinzip entspricht. Eine auf der Basis der Industrialisierung betriebene Integration der ländlichen Bevölkerung in mobile, städtisch geprägte Verhältnisse birgt die Gefahr in sich, daß die Leistungskraft des ländlichen Raumes, welcher seine vorrangige Zweckbestimmung in der Nahrungsmittelproduktion zu sehen hat, erlahmt zugunsten einer vermutlich nicht erstklassigen gewerblichen Gütererzeugung. Angesichts des anhaltend explosiven Bevölkerungswachstums ist die Ausweitung der agrarischen Produktion gegenwärtig die dringendste Aufgabe, will der mexikanische Staat nicht gezwungen sein, seine Agrarimporte von Jahr zu Jahr entscheidend zu steigern. Die für Agrarimporte erforderlichen Devisen können aber nur durch den Export erstklassiger, auf dem Weltmarkt konkurrenzfähiger Waren erzielt werden, deren Produktionsstätten wohl kaum in den abgelegenen und mit unzureichend ausgebildeten Arbeitskräften ausgestatteten Gewerbegebieten des ländlichen Raumes zu finden sind.

Es ist richtig, daß der Ausweitung der landwirtschaftlichen Nutzfläche in Mexiko natürliche Grenzen gesetzt sind. Der Intensivierung der agrarischen Nutzung sind vorerst aber noch keine Grenzen gesetzt, so daß es lohnenswert ist, den vor Jahren begonnenen Weg staatlicher Entwicklungspolitik im agrarstrukturellen Bereich fortzusetzen. Mit Hilfe der Nutzungsintensivierung lassen sich beträchtliche Menschenmassen im ländlichen Raum binden und die erschreckend hohen Migrationsströme vom Land in die Stadt eindämmen. Da die gewerbliche Investition jedoch ungleich höhere Renditen abwirft als die agrarische, darf man sich nicht darüber wundern, daß der Höhepunkt der Verbesserung der Agrarstruktur auf Privatbasis überschritten ist, was unsere Beispiele wohl überzeugend verdeutlicht haben.

Die Anwendbarkeit des sozialökonomischen Klassifikationsmodells auf die Situation im Jahre 1974

Die Aufgabe unserer Untersuchung besteht nicht darin, diesen Zustand zu beklagen, sondern ihn zu registrieren und im Hinblick auf das Modell zu analysieren. Spätestens nach der Zurkenntnisnahme des Differenzierungstyps Benito Juárez muß man davon ausgehen, daß der ländliche Raum ebenso wie die Stadt verstärkt Schauplatz gewerblicher Differenzierungsprozesse ist. Dabei ist der Wechsel des Lebensraumes, d. h. die Migration der Bevölkerung in die Stadt nicht mehr zwingende Voraussetzung dafür, daß der Mensch sich Chancenvorteile im Kampf um berufliche und soziale Besserstellung verschafft. Hinsichtlich unseres Modells ergibt sich daraus die Frage, in welcher Weise diesem neuen Zustand Rechnung zu tragen ist. Da sowohl die ländliche gewerbliche Unterschicht als auch die unternehmerische Oberschicht Teil der ländlichen Gesellschaft sind, soll versucht werden, sie in unserem Modell zu erfassen. Dabei ist die neue Unterschicht nicht zu verwechseln mit jener abwandernden, sich aus dem dörflichen Familienverband lösenden Gruppe, die auswärts ihre gewerblichen Arbeitsplätze findet. Für diese Gruppe bestehen ja bereits die entsprechenden Differenzierungsstufen innerhalb des Subsistenzdifferenzierungsganges des Modells.

Bei der neuen gewerblich-ländlichen Oberschicht handelt es sich ganz offensichtlich um ein sozialökonomisches Phänomen, welches in unserem Modell bisher noch nicht eingeplant ist. Was die sozialökonomische Erfassung der ländlichen Unterschicht anbelangt, so scheint es nicht ausgeschlossen, daß das Modell die entsprechenden sozialökonomischen Klassen in Form des gemischten Einkommensdifferenzierungsganges bereithält. Die Antwort auf diese Frage bringt der anschließende konkrete Klassifikationstest. Unstrittig dürfte die Erfahrung sein, daß der Begriff „ländlich" eine ganz neue Dimension erhalten hat und — wie im industriestaatlichen Bereich — nicht mehr synonym mit den Begriffen „agrarisch" verwendet werden sollte.

Die gewerblich-ländliche Unterschicht ist insofern eine neue Erscheinung für unsere Überlegungen hinsichtlich einer sozialökonomischen Klassifikation, als es sich hier um eine isoliert von der Bodenbearbeitung bestehende Gruppe handelt. Sie ist nicht das Ergebnis eines fortgeführten agrarischen Differenzierungsganges, sondern kündigt einen absoluten Neuansatz eines nicht bodenbezogenen Erwerbsstrebens an, das nur deshalb im ländlichen Raum lokalisiert ist, weil sich der Standort z. B. der Fabrik im ländlichen Raum weitab von allen städtischen Agglomerationen befindet und sich die Erwerbstätigen aus der kleinbäuerlichen Schicht rekrutieren. Die privaten Betonziegelhersteller von Xicoténcatl sind nur als die Vorboten einer gewerblich-ländlichen Gesellschaftsschicht anzusehen, weil sie den Verband einer bodenbezogenen Familie noch nicht sprengen. Bei dem jetzt eingeleiteten gesellschaftlichen Schichtungsprozeß schwächen sich die traditionsgetragenen Bindungen der ländlichen Familien an ihre bodenbezogene soziale Herkunft aber in dem Maße ab, wie die Zahl der noch in der Landwirtschaft tätigen Angehörigen pro Familie abnimmt. Es existiert darüber noch kein quantifiziertes Material, aber es bedarf keiner großen Phantasie, sich auszumalen, wann es die ersten Familien geben wird, in denen kein Familienangehöriger einen Bezug mehr zur Bodenbearbeitung hat. In Benito Juárez gibt es sie bereits. Denn die Verteilung der Arbeitsplätze richtete sich — wie erinnerlich — ja zunächst auf den engeren Kreis der Unternehmergruppe, so daß einige Familien viele gewerbliche Erwerbstätige, andere überhaupt keine aufzuweisen haben.

Die Einordnung dieser neuen sozialökonomischen Erscheinungsformen in unser Modell ist einfacher als es die grundsätzlichen Überlegungen zu diesem Phänomen vermuten lassen. Vorerst, abgesehen von der gewerblich-ländlichen Oberschicht, ist das Modell nicht ergänzungsbedürftig. Es wird nur gerade bis zu seiner äußersten Leistungsgrenze ausgeschöpft, und zwar speziell in den am meisten von der Landbewirtschaftung entfernten Klassen des gemischten Einkommensdifferenzierungsganges. Der Grund für die Bewährung des Modells dürfte in dem offensichtlich richtig gewählten Ansatz liegen, wonach die Zusammensetzung des Familieneinkommens aus den unterschiedlichen Wirtschaftsbereichen als Indikator und zur Erfassung der agrarisch-gewerblichen Übergangsformen dient. Dementsprechend findet die Endstufe des ländlichen Differenzierungsprozesses ihre Entsprechung im Modell in der sozialökonomischen Klasse „Familien mit ausschließlich nicht-landwirtschaftlichem Einkommen".

Für die völlig neu hinzugetretene gewerblich-ländliche Oberschicht bedarf es freilich einer Erweiterung des Modells, welches damit folgende neue Gestalt gewinnt:

Tabelle 8: Das erweiterte[9]) sozialökonomische Klassifikationsmodell (Typ Benito Juárez)

Undifferenzierte, isolierte Subsistenzwirtschaftsgesellschaft

„Subsistenzdifferenzierungsgang"	„Marktorientierungsgang"	„Gemischter Einkommensdifferenzierungsgang"
Landw. Familien (Subs.) ohne sonstig. Eink.; ──────────── bzw. Tagelöhner ohne Land	Landw. Familien (Subs.) mit gelegentlichen Ernteüberschüsse	Familien mit überwieg. landw. Einkommen: landw. Eink. > 50% des Gesamteinkommens
Landw. Familien (Subs.) mit dorfgebundener Nebenbeschäftigung; bzw. ──────────── Tagelöhner mit landw. Nebenerwerb	Landw. Familien mit regelmäßiger Überschußproduktion	Familien mit ausgeglichenem landwirtschaftl. u. nicht-landw. Eink.
Landw. Familien (Subs.) mit Fam.-Angehörigen in dorfgebundener außerlandw. Vollbeschäftigung	Landw. Familien mit gezielter Marktproduktion	Familien mit überwieg. nicht-landw. Eink. : nicht-landw. Eink. > 50% des Gesamteinkommens
Landw. Familien (Subs.) mit Fam.-Ang. in nicht-dorfgebundener außerlandw. Vollbeschäftigung	Landw. Familien mit gezielter Marktproduktion und arbeitsteiliger Vermarktungsorganisation	Familien mit ausschl. nicht-landwirtschaftl. Einkommen
Subventionierte Subsistenzfamilien	Marktorientierte landwirtsch. Familien mit Verselbständig. im Handel	Gewerblich-ländliche Oberschicht

Differenzierte, integrierte, urbane (Industrie-) Gesellschaft

[9]) Die Erweiterung befindet sich in der untersten Stufe des „Gemischten Einkommensdifferenzierungsganges"

Eine kurze Bemerkung noch, bevor sich der Anwendungstest des Modells anschließt. Es mag aufgefallen sein, daß es sich bei beiden Anwendungsfällen des Modells, Xicoténcatl und Benito Juárez, als notwendig erwies, das Modell zu erweitern. Diese Erweiterung erfolgte nicht durch integrative, strukturelle Änderungen in der Grundkonzeption des Modells, sondern durch additive Ergänzungen von jeweils sich neu ergebenden Differenzierungsbeispielen. Dieses methodische Vorgehen charakterisiert m. E. treffend den grundsätzlichen Entwicklungsgang der mexikanischen Gesellschaft. Der gesellschaftliche Wandel bezieht seine Impulse offensichtlich nicht aus einem strukturell immanenten und integrativen Entwicklungszentrum, sondern aus der additiven Anreicherung mit immer neuen Verfahrensweisen einzelner gesellschaftlicher Gruppierungen, welche an der Verbesserung ihrer ökonomischen Bedingungen arbeiten. Die persönliche Initiative einzelner dorfangehöriger Personen mit überdurchschnittlichem Informationsfundus bzw. die Nachahmung außerdörflicher Vorbilder spielen dabei die entscheidende Rolle. Sie sorgen entweder für die Entstehung einer erhöhten Innovationsbereitschaft, oder sie führen den Innovationsprozeß selbst an. Die Wandlung spielt sich dann ruckartig ab. Ihr scheint die evolutionäre Kontinuität und die auf Langfristigkeit angelegte Regelhaftigkeit zu fehlen, welche den aus Industriestaaten bekannten Innovationsabläufen eigen sind.

Sozialökonomische Klassifikation

Im einzelnen lassen sich qualitativ folgende sozialökonomische Gruppen ausgliedern:
1. die in Subsistenzwirtschaft verharrenden Trockenfeldbauern (Ejidatarios) mit gelegentlichen Ernteüberschüssen bzw. Nebeneinkünften aus Tagelöhnerdiensten;
2. die landwirtschaftlichen Familien mit außerhalb der Landwirtschaft tätigen Familienangehörigen, die ihren Lebensunterhalt in den Städten Huamantla, Tlaxcala, Puebla und Mexiko-Stadt verdienen und regelmäßig oder unregelmäßig zurückkehren;
3. die auf Überschußproduktion und Marktorientierung ausgerichteten Trockenfeld- und Bewässerungsland-Ejidatarios;

4. die unternehmerisch tätige Oberschicht der Bewässerungsland-Ejidatarios;
5. die Übergangsfamilien, deren Einkommen sich graduell unterschiedlich aus subsistentieller oder marktorientierter Landbewirtschaftung und lohnabhängiger Gewerbetätigkeit zusammensetzt;
6. die gewerblich-ländliche Unterschicht.

Die Gruppen 1—3 lassen sich in den beiden linken Strängen des Modells unterbringen. Die Gruppen 4—6 kennzeichnen die neue sozialökonomische Entwicklung im ländlichen Raum, die unter dem Stichwort „gewerblich-ländliche Schichtenbildung" beschrieben wurde. Die entsprechenden Gruppen sind erfaßbar in dem gemischten Einkommensdifferenzierungsgang bzw. in der neu hinzugesetzten sozialökonomischen Klasse der „gewerblich-ländlichen Oberschicht". Die Gruppe 5 läßt sich entsprechend der Einkommenszusammensetzung ihrer Mitglieder den sozialökonomischen Klassen mit ausgeglichenem landwirtschaftlichem Einkommen bzw. mit prozentual abgestuften Anteilen an landwirtschaftlichem und nicht-landwirtschaftlichem Einkommen zuweisen. Die ländliche Unterschicht stellt dabei die letzte Differenzierungsstufe des gemischten Stranges dar.

Zusammenfassung der Ergebnisse der sozialökonomischen Klassifikation von Benito Juárez

Die aktuelle sozialökonomische Entwicklung von Benito Juárez weist klar auf die bisher nicht festgestellte Tatsache hin, daß nicht länger nur die Stadt der bevorzugte Schauplatz industriell orientierter sozialökonomischer Differenzierungsvorgänge ist. Die Ansiedlung einer Konfektionsfabrik, gegründet von 13 ortsansässigen Ejidatarios, leitet in Benito Juárez den Prozeß einer gewerblich-ländlichen Schichtenbildung ein, die sich bei der Beschreibung der Betonziegelhersteller von Xicoténcatl kaum ahnen ließ. Parallel zur gewerblich-ländlichen Unterschicht entwickelt sich eine ländliche unternehmerische Oberschicht, die sich im Besitz der wesentlichen Machtpositionen im Dorf befindet. Außer an der Konfektionsfabrik ist sie am Besitz eines kapitalintensiven Großviehstalls beteiligt, ferner gehört ihnen das Bewässerungsland im Dorf, und von ihnen gehen Pläne zur weiteren gewerblich-wirtschaftlichen Erschließung des Dorfes aus, d. h. zur Konsolidierung der eigenen Position. Die kurze Dauer von drei Jahren hat gereicht, in Benito Juárez eine neue, nicht nur im marxistischen Sinne frühkapitalistische Schichtenkonstellation entstehen zu lassen. Zur Gesetzmäßigkeit dieser Entwicklung scheint es zu gehören, daß die Impulse dazu von einer weit über dem Informationsstand des Dorfes stehenden Person, einem ehemaligen Ejido-Kommissar ausgehen, welcher in den genannten oligarchischen Gremien die führende Rolle spielt.

Neben diesem industriell-gewerblich ausgerichteten Differenzierungsverlauf, der seinen Niederschlag in einer vertieften Ausschöpfung und Ergänzung des Modells gefunden hat, zeichnen sich weitere Differenzierungsformen im agrarischen Bereich nicht ab. Auch das Nutzungssystem hat sich nicht nach Art Xicoténcatls gewandelt. Obwohl die Ausdehnung des Bewässerungslandes unmittelbar bevorsteht, richten sich die wirtschaftlichen Entwicklungsbestrebungen des Dorfes im wesentlichen auf agrarisch-gewerbliche bzw. rein gewerbliche Projekte. Im ganzen bestätigt sich bei der Bewertung des Wandlungsprozesses von Benito Juárez der in anderem Zusammenhang bereits herausgestellte scharfe Polaritätscharakter des sozialökonomischen Differenzierungsgeschehens von subsistenziellen versus marktorientierten *agrarischen*, von „proletarischen" versus „bourgeoisen" *gewerblichen* Erwerbsstrukturen. Die Schauplatzverlagerung sozialer Konflikte in den ländlichen Raum scheint prognostizierbar. Dabei erweist sich eine neue, den industriestaatlichen Erfahrungen angepaßte Definition von „ländlich" als notwendig; denn eine begriffliche Identifikation mit „agrarisch" ist nach den in diesem Modelltest gemachten Erfahrungen auch hier nicht länger haltbar.

IV. Die ländliche Gemeinde mit stabiler landwirtschaftlicher Einkommensstruktur
(Künstliche Bewässerung mit hoher Anbauspezialisierung und Marktorientierung; beruflich mobile Bevölkerungsgruppen mit zunehmendem Eindringen gewerblicher Einkommensformen)
Xalcaltzingo, Municipio Tepeyanco, Tlaxcala

Methodische Vorbemerkung

Wie eingangs dieser Untersuchung bereits erwähnt, liegt für die folgenden drei Dörfer auch quantitatives Erhebungsmaterial vor. Mit der Berücksichtigung der neu hinzugekommenen sozialökonomischen Differenzierungsformen verfügt das Klassifikationssystem nunmehr über einen solchen Vorrat möglicher Differenzierungsformen, daß bei den folgenden Dorfuntersuchungen neben die qualitative auch die quantitative Erprobung des Klassifikationsmodells treten sollte. Dieses Ziel zu erreichen, ist auf Grund des umfangreichen Datenmaterials zur sozialökonomischen Struktur der drei Dörfer Xalcaltzingo, Atlamaxac und San Juan möglich. Es konnte durch Gesamtbefragung in den drei Dörfern auf der Basis des im Anhang beigehefteten Fragebogens gewonnen werden. Trotz sorgfältiger Interviewarbeit, auch auf Seiten meiner mexikanischen Gehilfen, konnten Ungenauigkeiten natürlich nicht immer ausgeschlossen werden. Oft genug kam es vor, daß sich einzelne Hausbewohner in den durchaus auskunftsbereiten Dörfern trotz bestem Willen nicht in der Lage sahen, präzise Angaben zu machen. Man möge für die bei solcher Feldarbeit, zumal im Ausland, nicht auszuschließenden Fehlerquellen Verständnis haben.

Für das weitere methodische Vorgehen ist mit der Erweiterung der Perspektive eine zusätzliche Test- und Kontrollfunktion verbunden. Die Untersuchung richtet sich auf:

1. die schon bei den ersten beiden Dorfuntersuchungen im Mittelpunkt stehende qualitative Anwendbarkeit des Klassifikationsmodells und
2. die zahlenmäßige Erfassung der im Modell wiedergegebenen sozialökonomischen Gruppen.

Die hierfür erforderlichen Daten sind in den Tabellen I bis III (im Anhang) zusammengetragen. Es handelt sich dabei um das direkt aus den Fragebögen umgesetzte Material. Die Tabellen enthalten in Abschnitt I. Daten über das Haus und die Betriebsstruktur; in den weiteren Abschnitten sind die wesentlichen Daten zur sozialökonomischen Familienstruktur wiedergegeben, geordnet nach Familien mit einer, zwei, drei und, wo vorhanden, vier Erwerbspersonen. Mit diesem Anlageprinzip der Tabelle sollte versucht werden, der im Ansatz der Untersuchung entwickelten Sicht der mexikanischen sozialökonomischen Familienstruktur Rechnung zu tragen.

Wegen der stärkeren Einbeziehung des quantitativen Aspektes konnte es nicht ausbleiben, daß der folgende Text stärker mit Zahlenmaterial und Hilfstabellen angereichert ist. Es wurde jedoch darauf geachtet, der Darstellung ein Mindestmaß an flüssiger Lesbarkeit zu erhalten. In Anbetracht des erklärten Zieles dieser Untersuchung, einige konkrete Beispiele qualitativer und quantitativer sozialökonomischer Klassifikation zu erproben, lag es nahe, so zu verfahren.

Xalcaltzingo

Tabelle 9: Zensusdaten von Xalcaltzingo 1970

932 Einwohner
— davon: 24,0% erwerbstätig
    davon: 63,8% in der Landwirtschaft
          19,2% in der Industrie
          13,8% in Handel und Dienstleistungen
— davon: 87,7% alphabetisiert
— davon: 68,8% mit Primarschulbildung
— davon: 40,3% in Ausbildung befindlich

135 Häuser
— davon: 10,4% mit Wasseranschluß im Haus
— davon: 5,2% mit Kanalisation
— davon: 56,3% mit gesondertem Fußboden über dem Erdboden
— davon: 85,9% mit elektrisch Licht
— davon: 63,7% mit Radio
— davon: 17,0% mit Fernsehen

Xalcaltzingo liegt am NO-Rand der fruchtbaren Schwemmlandebene von Río Atoyac und Río Zahuapan, ein paar hundert Meter abseits der vielbefahrenen Bundesstraße Puebla-Tlaxcala. Die Zugehörigkeit des Dorfes zum Bewässerungstyp ist keine natürliche Folge seiner relativ zentralen Beckenlage, sondern sie basiert auf einem erst vor 10 Jahren installierten Brunnen, der an dieser Stelle noch eine Tiefe von 65 m hat. Die Unkosten wurden zur Hälfte vom Dorf übernommen. Die Anlage amortisiert sich durch einen Wasserentnahmepreis von 12 Peso pro Stunde (Benito Juárez 14.40 Peso pro Stunde). Trinkwasserversorgung existiert erst seit 6 Jahren. Ihre Installierung wurde vollständig von der Bundesregierung getragen.

Die landwirtschaftliche Nutzung ist dank der günstigen Bewässerungsmöglichkeiten sehr vielfältig. Je nach Anbaufrucht sind mehrere Ernten pro Jahr möglich. Die Mähwiesennutzung mit Alfalfa-Anbau bringt bis zu 8 Ernten im Jahr und dient der nicht unerheblichen Viehzucht im Dorf, ferner dem Marktverkauf. Unter den übrigen Nutzungsarten stehen Mais, Gemüse, Bohnen, Blumen und Obst an führenden Stellen. Der Maisertrag pro ha erreicht leicht 2 t, das kg wird mit 1.50 Peso verkauft. Der Ertrag von Bohnen pro ha beträgt durchschnittlich 1 t, für die 7000 Peso am Markt zu erzielen sind. Die Preise für Gemüse liegen relativ hoch: pro kg Radieschen: 1.50 Peso; grünen Salat: 1.50 Peso; Möhren: 2 Peso; Zwiebeln: 2 Peso; Erbsen 4 Peso; Tomaten: 4 Peso; Opuntien: 7 Peso. Für Äpfel, Birnen, Pflaumen, Pfirsiche sind zwischen 3.— und 12.— Peso zu erzielen.

Die Betriebsgrößen der mit Überschuß oder marktorientiert produzierenden Betriebe liegen zwischen 0,5 und 4 ha. Es sind zusammen 77 Betriebe, die ihre Produktion in Xalcaltzingo selbst, auf dem Großmarkt der Nachbarmunizipialstadt Zacatelco, in Tlaxcala, Puebla und Mexiko-Stadt verkaufen. Die Angaben in der Tabelle I liegen wahrscheinlich niedriger, als sie der Wirklichkeit entsprechen. Bei den Befragungen gaben die mit Sicherheit als marktorientiert anzusprechenden Bauern immer nur zögernd Auskunft über ihre Ertragsverhältnisse, obwohl ein hoher Nutzungsanteil von Blumen (bis zu 30 %) meistens die letzten Zweifel an den tatsächlichen Betriebszielen ausräumte.

Durchschnittlich wird ein Drittel der Maisernte und die Hälfte der Bohnenernte verkauft. Der übrige Gemüseanbau und der Obst- und Blumenertrag sind nahezu vollständig für den Markt bestimmt. (An täglichem Eigenverbrauch sind pro Familie mit angenommen 10 Angehörigen durchschnittlich 6 kg Mais, 1 kg Bohnen, 17 Eier und ein- bis zweimal 2 kg Fleisch pro Woche anzusetzen. Das Ranchero-Ei kostet einen Peso pro Stück, das kg Fleisch etwa 25 Peso.)

Diese Daten zur Betriebsstruktur eines Bewässerungslandwirtes und zu den Lebensbedingungen im Dorf, verglichen mit den Verhältnissen in Xicoténcatl, verdeutlichen schnell die Vorteile, die ein Intensivbetrieb im zentralen Becken für sich verbuchen kann. Hinsichtlich der Berufstruktur von Xalcaltzingo hat das jedoch nicht eine absolute Konzentrierung auf landwirtschaftliche Berufe zur Folge. Andere Berufe wie Industriearbeiter, gewerbliche Hilfsarbeiter, Selbständige (zu denen auch die ambulanten Händler niederen Niveaus gerechnet worden sind), Angestellte (bei Behörden und in gewerblichen Vertrauenspositionen), Handwerker und Rentner übertreffen die Gruppe der Campesinos mit Abstand. Gewerbliche Arbeitsmöglichkeiten bestehen in der näheren und ferneren Reichweite von Xalcaltzingo in relativ großer Zahl, ohne daß sie jedoch dafür ausreichten, jeden Arbeitsuchenden der Region von der Abwanderung in die Städte zurückzuhalten. Abgesehen von einer kleinen Textilfabrik im Ort selbst, auf die anschließend noch einzugehen sein wird, bietet die zwei km entfernt liegende Nachbarmunizipialstadt Zacatelco allein mit 6 Textilfabriken Arbeitsplätze für 240 Beschäftigte neben weiteren Beschäftigungsmöglichkeiten in Verwaltung, Handel und Dienstleistungen. In Tlaxcala arbeiten 10 Dorfangehörige in der dortigen Textilindustrie, ebensoviele in dem gewerblich gut entwickelten Puebla, welches in einer Stunde Fahrzeit zu erreichen ist. Nach Mexiko-Stadt pendeln wöchentlich 30 Einwohner von Xalcaltzingo. Die ferneren Arbeitsorte werden trotz der längeren Fahrzeiten und höheren Fahrtkosten bevorzugt, weil das Lohngefälle zwischen Stadt und Land beträchtlich ist. Die Lohndifferenz zwischen der an sich nicht gewerbearmen Stadt Zacatelco und den Landeshauptstädten Tlaxcala und Puebla beträgt bereits pro Tag 10 bis 15 Peso, gegenüber der Hauptstadt Mexiko ist die Spanne am größten. Dort werden wöchentlich im Durchschnitt 500 bis 600 Peso verdient. Die in Xalcaltzingo gezahlten Löhne liegen dementsprechend am niedrigsten.

Die gewerblichen Aktivitäten im Dorf stützen sich auf die genannte Textilfabrik mit 10 bis 12 Arbeitsplätzen, 8 Einzelhandelsläden, einen Friseur, eine Auto- und Motorradwerkstatt, ein Lkw-Fuhrunternehmen und drei Taxiunternehmen. Äußerlich macht der Ort einen verhältnismäßig gepflegten Eindruck, verglichen mit anderen ländlichen Siedlungen. Die Häuser befinden sich überwiegend in gutem Zustand. Sie besitzen zumindest eine Trennung in Wirtschafts- und Wohnräume; in 15 Häusern haben bereits Fernsehapparate Eingang gefunden. Eine Kanalisationsleitung ist auch bereits im Dorfe verlegt; es fehlt nur noch ein geeignetes Deponiegelände, so daß sie noch nicht benutzt werden kann.

Die Textilfabrik in Xalcaltzingo spielt eine nicht so zentrale Rolle wie diejenige von Benito Juárez. Trotzdem sollen die näheren Umstände ihres Entstehens deshalb erwähnt werden, weil sie ein Licht auf die besondere Rezeptionsfreudigkeit hinsichtlich Neuerungen werfen, welche auch dieses Dorf charakterisiert. Der Bau der Fabrik im Jahre 1972 geht auf die Initiative einiger Ortsangehöriger zurück, die ihr Land unentgeltlich als Baugrund für eine Fabrik anboten. Heute ist diese Wirtschaftshaltung in vielen Dörfern entlang den Durchgangsstraßen verbreitet; Ende der 60er Jahre, als man sich in Xalcaltzingo Gedanken über ein solches Projekt machte, gehörte die Bereitschaft, den agrarischen Produktionsfaktor Boden als Kapital für gewerbliche Investitionen einzusetzen, unter Campesinos noch zu den absoluten Ausnahmeerscheinungen. Sie darf deshalb als Hinweis auf den hohen Mobilitätsgrad der Gesellschaft von Xalcaltzingo gewertet werden. Ein Unternehmer aus Puebla entschloß sich, nicht zuletzt wegen der steuerlichen Vorteile, die mit einer ländlichen Industrieansiedlung verbunden sind, zur Annahme des Angebots und baute eine Fabrik, in der an 32 Webrahmen Tuche und Stoffe hergestellt werden. Für ihre Weiterverarbeitung ist jedoch auch in fernerer Zukunft nicht der Bau einer Konfektionsfabrik vorgesehen, so daß man in dem gewerblichen Entwicklungsgang von Xalcaltzingo nicht etwa die

Kopie oder das Vorbild eines allenthalben in mobileren ländlichen Dorfgesellschaften abrollenden wirtschaftlichen Aktivierungsprozesses sehen muß. So dürfte auch die Zahl der Arbeitsplätze auf 10 bis 12 begrenzt bleiben und der sozialökonomische Differenzierungsgang der Dorfbevölkerung weiterhin von nicht nur innerdörflichen wirtschaftlichen Motiven und Impulsen gesteuert werden.

Eine Besonderheit des Dorfes ist die gemischte konfessionelle Struktur. Nebeneinander leben ein katholischer Bevölkerungsteil, der einen Anteil von 57,8 % einnimmt, und ein evangelischer, der den Rest der Bevölkerung ausmacht. Er besteht aus Anhängern der Pfingstgläubigensekte.

Die unterschiedlich starke Durchsetzung der ursprünglich rein katholischen Bevölkerung Mexikos mit evangelischen Konfessionsgruppen geht auf die seit drei Generationen sehr aktive evangelische Sektenmission zurück, die von den Vereinigten Staaten nach Mexiko einströmt. In den Bundesstaaten Puebla und Tlaxcala sind die Sekten der Methodisten, Babtisten, Presbyterianer, Lutheraner, Pfingstgläubigen und Nazarener vertreten. In den Städten haben sie feste Gemeindeorganisationen mit Kirchengebäuden, hauptamtlichen Pfarrern und angegliederten Schulen und Kindergärten. Von dort geht die ländliche Mission solange aus, bis die Sektenvertretungen in den einzelnen Dörfern so stark sind, daß sie eine eigene Gemeindeorganisation unterhalten können. Die Sekten sind, wie auch die katholische Kirche, getrennt vom Staat. Sie verwalten und erhalten sich, entsprechend ihren Sektenstatuten, selbst, sind aber auf in- und ausländische Spenden angewiesen. (Die stärkste evangelische Stadtgemeinde in Puebla bilden die Methodisten.)

Die ländliche Missionsarbeit läuft selten ohne Reibereien, häufig auch offene Auseinandersetzungen unter den beteiligten Gruppen ab. Natürlich räumt die traditionell dominierende katholische Kirche nicht gern freiwillig ihre angestammten Machtpositionen, und so bleibt es nicht aus, daß die ureigenen persönlichen Gewissensentscheidungen der Gläubigen oftmals von Glaubenserwägungen am allerwenigsten beeinflußt werden.

In Xalcaltzingo ist die Position der Pfingstgläubigen so konsolidiert, daß Übergriffe zwischen den Konfessionsgruppen nicht mehr vorkommen. Die Pfingstgläubigen betreiben im eigenen Ort keine Missionsarbeit mehr. Sie verfügen über einen eigenen Kirchenbau, einen Pfarrer und sehen die wesentlichen Missionsziele damit als erfüllt an. Die Konfessionsgrenzen markieren nicht zugleich soziale und politische Einflußsphären, welches im mexikanischen ländlichen Bereich sonst weit verbreitet ist. Konfessionswechsel bei Heiraten oder Kindtaufen geben selten den Anlaß für innerfamiliäre Machtkämpfe. In Xalcaltzingo nimmt in der Regel der weibliche Partner die Glaubenskonversion vor, bei den Methodisten in Puebla ist es umgekehrt. Die Zahl der auf diese Weise vermiedenen gemischtkonfessionellen Ehen in Xalcaltzingo beläuft sich auf etwa 20 %.

Das Einvernehmen zwischen den beiden Konfessionsgruppen geht jedoch nicht soweit, daß man die Glaubensdifferenzen in einer unterschiedlichen Lebensweise nicht mehr erkennen könnte. Die Pfingstgläubigen halten sich streng an ihre Glaubensregeln:
— Enthaltung von ausschweifendem Leben (u. a. auch von Tabak- und Alkoholgenuß)
— Entsagung von Festlichkeiten und freizeitlichem Müßiggang
— eheliche Treue
— Vorrangigkeit der beruflichen Arbeit.

Selbstverständlich haben diese von einem Mexikaner als recht einschneidend zu empfindenden Glaubensregeln ihren Niederschlag in einem von der katholischen Bevölkerung unterscheidbaren physiognomischen und strukturellen Erscheinungsbild geführt, obwohl — wie anfangs erwähnt — das gesamte Dorf den Eindruck einer gewissen Herausgehobenheit gegenüber dem vergleichbaren Durchschnitt macht, was den Baubestand, den Zustand der Felder und das allgemeine Lebensniveau anbelangt. Nicht zuletzt um diese Befunde in der nötigen Relation zu sehen, wurde das unmittelbar vergleichbare, in weniger als einem Kilometer Entfernung von Xalcaltzingo liegende Nachbardorf Atlamaxac in den Kreis der Untersuchungsgemeinden einbezogen.

Die Beziehungen zwischen Konfessions- und Sozialstruktur in Xalcaltzingo waren bereits Gegenstand einer vorweggenommenen Einzeluntersuchung (SANDER 1974b), so daß die Ergebnisse hier zusammengefaßt referiert werden können.

Die Aussagen der Untersuchung stehen unter dem Vorbehalt, daß die sozialökonomischen Sonderentwicklungen der Sektenangehörigen in Anbetracht einer erst über zwei Generationen zurückverfolgbaren Konfessionsdifferenzierung nicht bedingungslos auf konfessionsspezifische Ursachen zurückzuführen sind.

Hinsichtlich der Familiengrößenstruktur weist der katholische Bevölkerungsanteil eine stärkere Repräsentanz in der Familiengrößenklasse „7—10 Personen" auf, während die Sektenangehörigen in der Familiengröße unter 7 Personen an der Spitze liegen, aber auch über zwei Familien in der Klasse über 11 Personen verfügen. Die Tendenz zu größerem Kindersegen überwiegt aber bei der katholischen Bevölkerung. Dieser Befund scheint mit einer stärkeren Repräsentanz dieser Konfessionsgruppe in den unteren Einkommensklassen zu korrelieren. Da von keinem der beiden Seelsorger Aufforderungen zur Änderung des Regenerationsverhaltens der Gläubigen ergehen, dürfte primär der höhere Lebensstandard der Pfingstgläubigen für die unterschiedliche Familienstruktur verantwortlich sein.

Besonders durchschlagend ist auf evangelischer Seite die Neigung, Landbesitz zu akkumulieren, dessen ökonomischer Wert in Intensivnutzungsgebieten gewerblichen Einkommensverhältnissen gleichzuordnen ist. So ist auch der Beruf des Campesino bei größeren Betriebseinheiten relativ stärker unter den Sektenangehörigen verbreitet. Dieser Zustand läßt sich konfessionsspezifisch natürlich nur schwer interpretieren. Möglicherweise äußert sich darin nur die besondere Geschicklichkeit einer Gruppe von Menschen, Landbesitz an sich zu bringen, dessen Wert sie im Vergleich mit anderen ökonomischen Faktoren vielleicht überschätzt. Möglicherweise wirkt sich darin am konsequentesten das Pfingstgläubigen-Gebot, der beruflichen Arbeit den Vorrang zu geben, aus; möglicherweise kündigt sich darin aber auch eine besondere Art des sozialen Immobilismus der Pfingstgläubigen an, wonach sie an der einmal für richtig befundenen Meinung, Landarbeit sei die sicherste und segensreichste Erwerbsquelle, festhalten.

Die nächst folgende Berufsgruppe der Textilarbeiter ist bei beiden Konfessionen ausgeglichen besetzt. Die dann folgende der landwirtschaftlichen Hilfsarbeiter ist im katholischen Bevölkerungsteil überrepräsentiert. Die übrigen Berufsgruppen sind quantitativ so schlecht vertreten, daß sich statistisch keine Trendangaben daraus ableiten lassen.

Insgesamt scheint der Eindruck nicht zu täuschen, daß die Angehörigen der Pfingstgläubigensekte sozialökonomisch stärker differenziert sind als der katholische Bevölkerungsteil.

Sozialökonomische Klassifikation

Die zuerst zu stellende Frage, ob alle sozialökonomischen Gruppen von Xalcaltzingo in unserem Klassifikationssystem erfaßbar sind, läßt sich rasch beantworten. Es sind in Xalcaltzingo sozialökonomische Gruppen, die über den Differenzierungsstand von Benito Juárez hinausgehen, nicht vorhanden. Im Gegenteil, die Entwicklung hat in Xalcaltzingo nicht so radikal zur Ausbildung einer gewerblich-ländlichen Unterschicht geführt, wahrscheinlich weil schon zu einem verhältnismäßig frühen Zeitpunkt gewerbliche Arbeitsmöglichkeiten in einem nennenswerten Umfang im näheren und ferneren Umland des Dorfes bestanden haben. Das Ergebnis ist heute eine ausgewogene dörfliche Berufsstruktur, in der landwirtschaftliche wie außerlandwirtschaftliche Einkommensformen in differenzierter Weise miteinander verbunden sind bzw. auch isoliert nebeneinander stehen. Einer Korrektur des Modells bedarf es jedenfalls nicht.

Versuchen wir jetzt die einzelnen sozialökonomischen Gruppen quantitativ zu erfassen[10]). Diese Aufgabe fällt am leichtesten bei den Familien mit einer erwerbstätigen Person. Ich beziehe mich dabei auf die Tabelle I (Zur Wirtschafts- und Sozialstruktur von Xalcaltzingo, im Anhang). Was den landwirtschaftlichen Bereich anbelangt, so weist die Tabelle I 28 Campesino- und 8 Tagelöhnerfamilien mit einer erwerbstätigen Person aus. In der Zusatztabelle 10 sind diese Familien nach ihrem sozialökonomischen Status, der sich aus der Betriebsgröße und dem Betriebsziel abschätzen läßt, aufgegliedert.

---

[10]) Die gesamte sozialökonomische Struktur von Xalcaltzingo s. Tabelle 16, S. 85

Tabelle 10: Geschätzte Einkommensstruktur der landwirtschaftlichen Familien mit einer erwerbstätigen Person in Xalcaltzingo 1974

Campesinofamilien	28	Tagelöhnerfamilien	8
Eigenverbrauch	4	Tagelöhner ohne Land	3
Eigenverbrauch mit Subventionierung	3	Tagelöhner mit Land (Eigenverbrauch)	5
gelegentl. Übersch.	8		
regelmäß. Übersch.	6		
gezielte Marktprod.	7		

Danach ergeben sich für die sozialökonomische Klassifikation:

Landw. Familien (Subs.) ohne sonstiges Einkommen; bzw. Tagelöhner ohne Land	4 3
Tagelöhner mit landw. NE	5
Subventionierte Subsistenzfamilien	3
Landw. Familien (Subs.) mit gelegentl. Ernteüberschüssen	8
Landw. Familien mit regelmäßiger Überschußproduktion	6
Landwirtschaftl. Familien mit gezielter Marktproduktion	7

ferner:

Familien mit ausschließlich nicht-landwirtschaftlichem Einkommen	80

Die weiteren aus der Tabelle I entnehmbaren Berufsgruppen mit einer erwerbstätigen Person sind nicht bodenbezogen. Es handelt sich um die Berufsgruppen: „gewerblicher Hilfsarbeiter" bis „Rentner"; ihre Zahl beträgt 80. Die stärkste Einzelgruppe in dieser Rangfolge sind die Industriearbeiter mit 22 Familien. Die relativ hohe Zahl von Rentnern ergibt sich aus einer Reihe älterer alleinstehender Frauen, welche z. T. durch außerhalb des Dorfes lebende Familienangehörige unterstützt werden. Hinter der hohen Zahl von Angestellten verbergen sich allein 6 ortsangehörige Primarschullehrer und eine Kindergärtnerin. Das Schulwesen ist in Xalcaltzingo, entsprechend dem hohen Mobilitätsgrad, relativ gut organisiert. Weitere Arbeitsplätze für Angestellte gibt es bei den Munizipalverwaltungen in Tepeyanco und Zacatelco, bei der Landesregierung in Tlaxcala und in besonderen Vertrauenspositionen im gewerblichen Bereich in der Stadt Puebla. In der Gruppe der Selbständigen sind Ladenbesitzer, ortsansässige und ambulante Händler höheren und niederen Niveaus zusammengefaßt. Der tertiäre Sektor ist wie in allen Entwicklungsländern überproportional besetzt.

Sozialökonomisch sind diese Familien der Gruppe der „Familien mit nicht-landwirtschaftlichem Einkommen" zuzuordnen: = 80. Zusammen mit den zuvor quantifizierten landwirtschaftlichen Familien bildet diese Gruppe den Anteil im quantifizierten Modelltest von Xalcaltzingo, der die Familien mit einer erwerbstätigen Person repräsentiert.

Die Familien mit zwei erwerbstätigen Personen[11])

Zur sozialökonomischen Erfassung der Familien mit 2 erwerbstätigen Personen bedarf es ebenfalls der ergänzenden Erläuterung des Materials aus Tab. I. Entsprechend dem einleitend zu diesem Kapitel erneut auseinandergesetzten Strukturbegriff der mexikanischen ländlichen Familie, soll die Zusammensetzung des Gesamt-Familieneinkommens aus den Einzeltätigkeiten der Familienmitglieder den sozialökonomischen Differenzierungsstatus der Familien innerhalb des Modells bestimmen.

---

[11]) Zusammenfassend ist die sozialökonomische Struktur der Familien mit zwei erwerbstätigen Personen in der Übersichtstabelle 13, S. 81 dargestellt.

In der folgenden Tabelle 11 sind die Kombinationsfälle, die sich aus der Zusammensetzung des Einkommens der ersten und der zweiten Erwerbsperson ergeben, quantitativ erfaßt.

Tabelle 11: Die Berufsstruktur der Familien mit zwei erwerbstätigen Personen in Xalcaltzingo 1974

Beruf	1. Person	Beruf	2. Person
Campesino	10	Campesino	10
Campesino	1	Tagelöhner	1
Campesino	3	gew. Hilfsarb.	3
Campesino	6	Handwerker	6
Campesino	2	Industriearb.	2
Campesino	2	Selbst. (Händler)	2
Tagelöhner (Lw. NE:1)	7	Tagelöhner	7
Tagelöhner	1	Handwerker	1
Tagelöhner	1	Angestellter (Lehrer)	1
Handwerker	3	Industriearb.	3
Handwerker	1	Tagelöhner	1
Industriearbeiter	1	Angestellter (Lehrer)	1
Industriearbeiter	3	Handwerker	3
Industriearbeiter	1	Campesino	1
Industriearbeiter	2	Industriearbeiter	2
Selbst. (Lw. NE: 3)	3	Selbst. (Händler)	3
Selbst. (Händler)	3	Gewerbl. Hilfsarb.	3
Selbst. (Händler)	1	Handwerker	1
Selbst.	1	Industriearbeiter	1
Rentner	3	Industriearbeiter	3
Rentner	1	Angestellter (Lehrer)	1
Rentner	1	Campesino	1
Rentner (Lw. NE: 1)	1	Tagelöhner	1
Sa.	58		58

Die einzelnen Berufsgruppen lassen sich folgendermaßen gliedern:
I. Landwirtschaftliche Einkommensgruppen (18 Fam.)
II. Landwirtschaftlich — nicht-landwirtschaftliche Einkommensgruppen (22 Fam.)
III. Nicht-landwirtschaftliche Einkommensgruppen (18 Fam.)

I. Zu den landwirtschaftlichen Einkommensgruppen gehören:
10 Campesino — Campesino — Familien
1 Campesino — Tagelöhner — Familie
7 Tagelöhner — Tagelöhner — Familien, davon eine mit landwirtschaftlichem Nebenerwerb

---
18

II. Zu den landwirtschaftlich — nicht-landwirtschaftlichen Einkommensgruppen gehören:
3 Campesino — Hilfsarbeiter — Familien
6 Campesino — Handwerker — Familien
3 Campesino — Industriearb. — Familien (davon 1 Industriearb. — Camp. — Fam.)
2 Campesino — Selbständigen — Familien
2 Tagelöhner — Handwerker — Familien (davon 1 Handw. — Tagel. — Fam.)
1 Tagelöhner — Angestellten — Familie
1 Rentner — Campesino — Familie
1 Rentner — Tagelöhner — Familie
3 Selbständigen — Selbständigen — Familien (mit landwirtschaftlichem Nebenerwerb, auf den Handel mit landwirtschaftlichen Erzeugnissen spezialisiert)

22

III. Zu den nicht-landwirtschaftlichen Einkommensgruppen gehören:
6 Handwerker — Industriearbeiter — Familien (davon 3 Industriearb. — Handw. — Familien)
1 Industriearbeiter — Angestellten — Familie
2 Industriearbeiter — Industriearb. — Familien
3 Selbständigen — Hilfsarbeiter — Familien
1 Selbständigen — Handwerker — Familie
1 Selbständigen — Industriearbeiter — Familie
3 Rentner — Industriearbeiter — Familien
1 Rentner — Angestellten — Familie

18

Tabelle 12: Die Einkommensstruktur der landwirtschaftlich-nicht-landwirtschaftlichen Familien mit zwei erwerbstätigen Personen in Xalcaltzingo 1974[12])

Höhe des Einkommens in mex. $, Wochenlöhne

Familie	landw. Eink.	n.-lw. Eink.	prozentuales Verhältnis
1. Campesino – Hilfsarbeiter – Familien			
1.	300.–	300.–	ausgeglichen
2.	300.–	250.–	lw. > 50 % des Gesamteink.
3.	150.–	200.–	n.-lw. > 50 % des Gesamteink.
2. Campesino – Handwerker – Familien			
1.	150.–	300.–	n.-lw. > 50 % des Gesamteink.
2.	300.–	250.–	lw. > 50 % des Gesamteink.
3.	300.–	400.–	n.-lw. > 50 % des Gesamteink.
4.	400.–	400.–	ausgeglichen
5.	250.–	300.–	n.-lw. > 50 % des Gesamteink.
6.	300.–	350.–	n.-lw. > 50 % des Gesamteink.
3. Campesino – Industriearbeiter – Familien			
1.	300.–	400.–	n.-lw. > 50 % des Gesamteink.
2.	250.–	450.–	n.-lw. > 50 % des Gesamteink.
3.	400.–	400.–	ausgeglichen
4. Campesino – Selbständigen – Familien			
1.	350.–	200.–	lw. > 50 % des Gesamteink.
2.	300.–	300.–	ausgeglichen
5. Tagelöhner – Handwerker – Familien			
1.	180.–	270.–	n.-lw. > 50 % des Gesamteink.
2.	180.–	250.–	n.-lw. > 50 % des Gesamteink.
6. Rentner – Campesino – Familien			
1.	350.–	50.–	lw. > 50 % des Gesamteink.
7. Tagelöhner – Angestellten – Familien			
1.	180.–	500.–	n.-lw. > 50 % des Gesamteink.
8. Rentner – Tagelöhner – Familien			
1.	180.–	100.–	..-lw. > 50 % des Gesamteink.
9. Selbstständigen – Selbstständigen – Familien (mit landw. Nebenerwerb)			
1.	100.–	450.–	n.-lw. > 50 % des Gesamteink.
2.	50.–	350.–	n.-lw. > 50 % des Gesamteink.
3.	50.–	350.–	n.-lw. > 50 % des Gesamteink.

[12]) Die Daten über das landwirtschaftliche Einkommen beruhen z. T. auf Schätzungen an Hand der Betriebsgröße und des Betriebssystems, da die Angaben der Campesinos häufig bezweifelt werden mußten.

Die Zuordnung der nicht-landwirtschaftlichen Einkommensgruppen ist relativ einfach. Sie finden in der sozialökonomischen Klasse „Familien mit ausschließlich nicht-landwirtschaftlichem Einkommen" ihre Entsprechung. Ihre Zahl beträgt 18.

Auch die Zuordnung der rein landwirtschaftlichen Berufsgruppen wirft keine ernsten Schwierigkeiten auf. Die 10 Campesino-Familien betreiben gezielte Marktproduktion und ordnen sich damit in der entsprechenden sozialökonomischen Klasse des Modells ein. Die eine Campesino-Tagelöhner-Familie betreibt Überschußproduktion und findet ihren Platz in der entsprechenden sozialökonomischen Klasse. Die 7 Tagelöhner-Tagelöhner-Familien ordnen sich in den entsprechenden sozialökonomischen Klassen „ohne Land" bzw. „mit landwirtschaftlichem Nebenerwerb" ein.

Gewisse Schwierigkeiten bereitet die sozialökonomische Klassifikation der gemischten Einkommensgruppen. Es bedarf dazu einer genauen Bestimmung ihres landwirtschaftlichen Einkommens im Verhältnis zu ihrem nicht-landwirtschaftlichen. Die erforderlichen Daten ergeben sich ebenfalls aus einer gesonderten Aufschlüsselung der Einzeleinkommen der betroffenen Familien aus den Fragebögen (s. Tab. 12, S. 79).

Mit Hilfe dieser Tabelle kann die Zuweisung zu den entsprechenden sozialökonomischen Klassen des gemischten Einkommensdifferenzierungsganges vorgenommen werden. Auch die Selbständigen-Selbständigen-Familien finden dort ihren Platz, obwohl eines ihrer Strukturelemente zweifellos auch in der sozialökonomischen Klasse des Marktorientierungsganges „Marktorientierte landwirtschaftliche Familien mit Verselbständigung im Handel" enthalten ist.

Auf die sozialökonomische Klasse der „Familien mit überwiegend landwirtschaftlichem Einkommen entfallen 5 Familien (lt. Tabelle) 1.2; 2.2; 4.1; 6.1; 8.1.

Auf die sozialökonomische Klasse der „Familien mit ausgeglichenem landwirtschaftlichem und nicht-landwirtschaftlichem Einkommen" entfallen 4 Familien: (lt. Tabelle) 1.1; 2.4; 3.3; 4.2;

Auf die sozialökonomische Klasse der „Familien mit überwiegend nicht-landwirtschaftlichem Einkommen entfallen 13 Fami-

Tabelle 13: Die sozialökonomische Struktur der Familien mit zwei erwerbstätigen Personen in Xalcaltzingo 1974

Landwirtschaftl. Familien (Subs.) ohne sonstiges Einkommen; bzw. Tagelöhner ohne Land	6
Tagelöhner mit landwirtsch. Nebenerwerb	1
Landwirtschaftl. Familien mit regelmäßiger Überschußpruduktion	1
Landwirtschaftl. Familien mit gezielter Marktproduktion	10
Familien mit überwiegend landwirtschaftl. Einkommen: landw. Eink. > 50 % des Ges.-Eink.	5
Familien mit ausgeglichenem landw. und nicht-landw. Einkommen	4
Familien mit überwiegend nicht-landw. Einkommen: nicht-landw. Eink. > 50 % des Ges.-Eink.	13
Familien mit ausschließl. nicht-landw. Einkommen	18
	58

lien: (lt. Tabelle) 1.3; 2.1; 2.3; 2.5; 2.6; 3.1; 3.2; 5.1; 5.2; 7.1; 9.1; 9.2; 9.3.

In Tabelle 13, S. 81 ist die sozialökonomische Struktur der Familien mit zwei erwerbstätigen Personen zusammenfassend dargestellt.

Die Familien mit drei erwerbstätigen Personen

Zur sozialökonomischen Erfassung der 13 Familien mit drei erwerbstätigen Personen bedarf es eines ähnlichen methodischen Vorgehens wie in dem gerade abgeschlossenen Abschnitt.

Da auch hierzu das in der allgemeinen Tabelle (I) zur Wirtschafts- und Sozialstruktur von Xalcaltzingo niedergelegte Material nicht ausreicht, sei im folgenden das weiter aufgeschlüsselte Material zur Berufs- und sozialökonomischen Einkommensstruktur der

Familien mit 3 erwerbstätigen Personen vorgelegt. Die Darstellung darf, da der methodische Weg bekannt ist, verkürzt werden.

Es bietet sich wiederum an, nach den drei Gruppen der landwirtschaftlichen, gemischten und nicht-landwirtschaftlichen Einkommensformen zu unterscheiden:

I. Eine landwirtschaftliche Einkommensgruppe bildet:
1 Campesino — Tagelöhner — Tagelöhner — Familie.

II. Eine landwirtschaftlich — nicht-landwirtschaftliche Einkommensgruppe bilden:
2 Campesino — Handwerker — Tagelöhner — Familien
1 Campesino — Hilfsarbeiter — Tagelöhner — Familie
1 Campesino — Selbständigen — Tagelöhner — Familie
2 Campesino — Angestellten — Angestellten — Familien
1 Campesino — Handwerker — Handwerker — Familie
1 Campesino — Industriearb. — Industriearb. — Familie
1 Industriearb. — Tagelöhner — Hilfsarb. — Familie

9

III. Eine nicht-landwirtschaftliche Einkommensgruppe bilden:
1 Hilfsarb. — Hilfsarbeiter — Hilfsarb. — Familie
1 Selbständigen — Handwerker — Hilfsarb. — Familie
1 Rentner — Angestellten — Industriearb. — Familie

3

Nach dieser Aufstellung können die rein landwirtschaftlichen Familien bzw. die nicht-landwirtschaftlichen Familien bereits den sozialökonomischen Klassen im Modell zugeordnet werden. Die landwirtschaftliche Familie ist auf gezielte Marktproduktion mit eigener Verkaufsorganisation ausgerichtet. Sie verfügt über einen Lastwagen, mit Hilfe dessen ein Familienangehöriger die landwirtschaftlichen Erzeugnisse zum Markt nach Mexiko-Stadt transportiert. Die Familie ordnet sich damit dem sozialökonomischen Typ „landwirtschaftliche Familien mit gezielter Marktproduktion und arbeitsteiliger Vermarktungsorganisation" zu.

Die drei nicht-landwirtschaftlichen Familien lassen sich in der sozialökonomischen Klasse „Familien mit ausschließlich nicht-landwirtschaftlichem Einkommen" unterbringen.

Zur sozialökonomischen Erfassung der verbleibenden landwirtschaftlich — nicht-landwirtschaftlichen gemischten Einkommensgruppen bedarf es der quantitativen Aufschlüsselung der Einkommenszusammensetzung dieser Familien. Die folgende Tabelle gibt Aufschluß darüber.

Tabelle 14: Die Einkommensstruktur der landwirtschaftlich-nicht-landwirtschaftlichen Familien mit drei erwerbstätigen Personen in Xalcaltzingo 1974

Höhe des Einkommens in mex. $, Wochenlöhne

Familie	landw. Eink.	n.-lw. Eink.	prozentuales Verhältnis
1. Campesino — Handwerker — Tagelöhner — Familien			
1.	200.— + 180.—	300.—	lw. > 50 % des Gesamteink.
2.	200.— + 180.—	450.—	n.-lw. > 50 % des Gesamteink.
2. Campesino — Hilfsarbeiter — Tagelöhner — Familien			
1.	Fam.-Vers. + 180.—	150.—	lw. > 50 % des Gesamteink.
3. Campesino — Selbständigen — Tagelöhner — Familien			
1.	300.— + 180.—	400.—	lw. > 50 % des Gesamteink.
4. Campesino — Angestellten — Angestellten — Familien			
1.	Fam.-Versorgung 500.— + 500.—		n.-lw. > 50 % des Gesamteink.
2.	500.—	750.— + 400.—	n.-lw. > 50 % des Gesamteink.
5. Campesino — Handwerker — Handwerker — Familien			
1.	Fam.-Versorgung 400.— + 1000.—		n.-lw. > 50 % des Gesamteink.
6. Campesino — Industriearb. — Industriearb. — Familien			
1.	200.—	400.— + 400.—	n.-lw. > 50 % des Gesamteink.
7. Campesino — Tagelöhner — Hilfsarbeiter — Familien			
1.	180.—	400.— + 150.—	n.-lw. > 50 % des Gesamteink.

Nach Tabelle 14 ordnen sich folgende Familien zu den sozialökonomischen Klassen:

Familien mit überwiegend landw. Einkommen: 1.1; 2.1; 3.1; Familien mit überwiegend nicht-landw. Einkommen: 1.2; 4.1; 4.2; 5.1; 6.1; 7.1;

Zusammenfassend ist die sozialökonomische Struktur der Familien mit drei erwerbstätigen Personen in Tab. 15 dargestellt.

Tabelle 15: Die sozialökonomische Struktur der Familien mit drei erwerbstätigen Personen in Xalcaltzingo 1974

Landwirtschaftl. Familien mit gezielter Marktpruduktion und arbeitsteiliger Vermarktungsorganisation	1
Familien mit überwiegend landwirtschaftlichem Einkommen	3
Familien mit überwiegend nicht-landwirtschaftlichem Einkommen	6
Familien mit ausschließlich nicht-landwirtschaftlichem Einkommen	3
	13

Das quantifizierte sozialökonomische Klassifikationsmodell und die sozialökonomische Struktur von Xalcaltzingo

Wirft man jetzt insgesamt einen Blick auf das quantifizierte Klassifikationssystem, welches die sozialökonomische Struktur Xalcaltzingos wiedergibt, so kann man mit Erstaunen den hohen Anteil der sich von den landwirtschaftlichen Erwerbsgrundlagen entfernenden Bevölkerung registrieren (= Familien mit ausschließlich nicht-landwirtschaftlichem Einkommen). Weit über die Hälfte (101 von insgesamt 187) der im Dorfe ansässigen Familien geht nicht mehr landwirtschaftlichen Erwerbstätigkeiten nach, obwohl die landwirtschaftlchen Grundlagen als nicht ungünstig bezeichnet werden konnten. Die Mobilität der Bevölkerung, die sich im landwirtschaftlichen Bereich in einem hohen Differenzierungsstand ausgedrückt hat, scheint neue lukrative Entfaltungsformen im außerlandwirtschaftlichen Bereich gefunden zu haben. Damit

Tabelle 16: Die sozialökonomische Struktur von Xalcaltzingo, 1974

Undifferenzierte, isolierte Subsistenzwirtschaftsgesellschaft

„Subsistenzdifferenzierungsgang"	„Marktorientierungsgang"	„Gemischter Einkommensdifferenzierungsgang"
Landw. Familien (Subs.) ohne sonstig. Einkommen; 4 / bzw. Tagelöhner ohne Land 9	Landw. Familien (Subs.) mit gelegentlichen Ernteüberschüssen 8	Familien mit überwieg. landw. Einkommen: landw. Eink. > 50 % des Gesamteinkommens 8
Landw. Familien (Subs.) mit dorfgebundener Nebenbeschäftigung; bzw. Tagelöhner mit landw. Nebenerwerb 6	Landw. Familien mit regelmäßiger Überschußproduktion 7	Familien mit ausgeglichenem landwirtschaftl. u. nicht-landw. Eink. 4
Landw. Familien (Subs.) mit Fam.-Angehörigen in dorfgebundener außerlandw. Vollbeschäftigung	Landw. Familien mit gezielter Marktproduktion 17	Familien mit überwieg. nicht-landw. Eink.: nicht-landw. Eink. > 50 % des Gesamteinkommens 19
Landw. Familien (Subs.) mit Fam.-Ang. in nicht dorfgebundener außerlandw. Vollbeschäftigung	Landw. Familien mit gezielter Marktproduktion und arbeitsteiliger Vermarktungsorganisation 1	Familien mit ausschl. nicht-landwirt. Einkommen 101
Subventionierte Subsistenzfamilien	Marktorientierte landwirtsch. Familien mit Verselbständig. im Handel 3	Gewerblich-ländliche Oberschicht

Differenzierte, integrierte, urbane (Industrie-) Gesellschaft dürfte der Vorrat an Gemeinsamkeiten mit vergleichbaren industriestaatlichen Differenzierungsgängen weiter aufgefüllt werden.

Entsprechend dieser Entwicklung ist der gemischte Einkommensdifferenzierungsgang zu dem am meisten frequentierten Teil des Modells geworden. Er scheint dieser Aufgabe gewachsen zu sein, wenn es auch noch nicht ausgeschlossen werden kann, daß er möglicherweise um eine oder zwei Untergliederungen erweitert werden muß, um bestimmte Einkommenszusammensetzungen genauer erfaßbar zu machen, sofern entsprechend differenziertes Erhebungsmaterial zur Verfügung steht. Dabei ist vor allem an die Familien mit mehreren erwerbstätigen Personen und gemischtem Einkommen zu denken, welche die Landwirtschaft einfach nur zum Zweck der Familienversorgung mit Nahrungsmitteln betreiben, obwohl sie, was ihre Betriebsgröße anbelangt, zu differenzierterer Wirtschaftsweise in der Lage wären. Die Familien 2.1 und 4.1 in der Tabelle 14, S. 83 entsprechen genau diesem Typ. Die landwirtschaftliche Produktion dient nur der Familienversorgung und ist damit quantitativ schwer faßbar; sie stellt aber eine beträchtliche finanzielle Entlastung der übrigen Familienmitglieder dar, denen der Kauf des Grundnahrungsmittels Mais, in den meisten Fällen auch der von Eiern und Gemüse erspart bleibt. Die Bedeutung eines solchen landwirtschaftlichen Familienerwerbs in Mexiko im Hinblick auf die Nahrungsmittelversorgung der ganzen Familie sollte nicht unterschätzt werden. Offensichtlich kündigt sich hier für den Bereich der landwirtschaftlich — nicht-landwirtschaftlichen Familienexistenzen ein neues Verständnis des ehemals nur auf den Subsistenzbereich bezogenen Begriffes der Selbstversorgerwirtschaft an.

Seit Einführung des gemischten Einkommensdifferenzierungsganges konnte es nicht ausbleiben, daß sich immer wieder das Wort „Nebenerwerb" zum Gebrauch aufdrängte. Um seine Bedeutung noch einmal klar abzugrenzen gegenüber einem unkritischen Analogieverständnis im industriestaatlichen Sinne, sei erneut darauf hingewiesen, daß man in Mexiko von einer anderen Bezugsgröße des Nebenerwerbs, nämlich dem Gesamtfamilieneinkommen ausgehen muß. „Nebenerwerb", ob landwirtschaftlich oder gewerblich, soll hier nicht eine zweite Tätigkeit, welche von einer und derselben Person ausgeübt wird, bedeuten, sondern er meint jenes vollberufliche Einzeleinkommen im Rahmen eines Gesamtfamilieneinkommens, welches von einem unter mehreren familienangehörigen Erwerbspersonen zur Aufstockung des Gesamteinkommens erwirtschaftet wird. Eine andere Frage ist es, wieweit eine solche vollberufliche Erwerbstätigkeit die Arbeitkraft des einzelnen auch wirklich auslastet. Im landwirtschaftlichen Bereich ist das aus verschiedenen Gründen selten der Fall. Stellt das landwirtschaftliche Einkommen, wie es vor allem in den peripheren Gebieten verbreitet ist, das einzige Einkommen der Familie dar, so ist der Betriebsinhaber der reinen Existenznot wegen häufig gezwungen, zusätzliche Erwerbsmöglichkeiten auszuschöpfen. Solche Erwerbsformen gehören natürlich einer gänzlich anderen Kategorie an und bieten kaum Anlaß zu begrifflichen Mißverständnissen. Sie sind nicht Gegenstand dieser Untersuchung, weil an ihnen kein sozialökonomischer Differenzierungsprozeß ablesbar ist. Mit ihnen wird nur eine bestimmte Existenzform im Subsistenzbereich beschrieben, beispielsweise die sozialökonomische Klasse der „Tagelöhner mit landwirtschaftlichem Nebenerwerb" innerhalb unseres Subsistenzdifferenzierungsganges.

Zusammenfassung der Ergebnisse der sozialökonomischen Klassifikation von Xalcaltzingo

Am Beispiel Xalcaltzingos wird zum ersten Mal versucht, die bisher nur qualitativ durchgeführten sozialökonomischen Klassifikationsversuche durch die quantitative Komponente abzusichern. Das ist deshalb möglich, weil sowohl für Xalcaltzingo als auch für die übrigen noch folgenden Dorfuntersuchungen von Atlamaxac und San Juan detailliertes Zahlenmaterial vorliegt. Es ließ sich aus einer Gesamtbefragung in den drei Dörfern im Jahre 1974 gewinnen.

Xalcaltzingo liegt am Nordostrand der fruchtbaren Schwemmlandebene der Flüsse Río Atoyac und Río Zahuapan. Alle Parzellen sind künstlich bewässert, und die intensiv betriebene Landwirtschaft hat einen hohen Differenzierungsstand erreicht. Der überwiegende Teil der erwerbstätigen Personen ist jedoch in außerlandwirtschaftlichen Berufen tätig. Für deren Ausübung besteht im Dorf selbst ausreichend Gelegenheit in Form einer kleinen Textilfabrik, in dem Nachbarstädtchen Zacatelco mit 240 gewerblichen Arbeitsplätzen sowie in den Städten Tlaxcala und Puebla, welche in nur einer Fahrstunde erreichbar sind. Macht das Dorf an sich schon einen herausgehobenen Eindruck, was den Erhaltungs- und Ausstattungszustand der Häuser und öffentlichen Einrichtungen anbelangt, so scheint die Bevölkerungsgruppe der Pfingstgläubigen, welche einen Anteil von 42.2 % ausmacht, wirtschaftlich und sozial am meisten fortgeschritten zu sein.

Obwohl der hohe Grad gewerblicher Arbeitsverhältnisse Anklänge an Benito Juárez wachruft, hat die Entwicklung in Xalcaltzingo nicht zu einer krassen Ausbildung einer gewerblich-ländlichen Unterschicht geführt. Die Berufsstruktur des Dorfes weist in ausgewogener Weise die unterschiedlichsten Berufe auf: von der Grundschicht der Campesinos und Peones über Händler mit landwirtschaftlichen Erzeugnissen und Ladenbesitzer, spezialisierte Handwerker und Taxiunternehmer bis zu Lehrern und Angestellten in Verwaltung und gewerblichen Vertrauenspositionen. Xalcaltzingo weist durchaus städtische Differenzierungszüge im positiven Sinne auf, wahrscheinlich weil die Entwicklung hierzu sehr langsam und kontinuierlich verlaufen ist. Begünstigende Voraussetzungen dafür scheinen eine verkehrsmäßig und wirtschaftlich gut erschlossene Umgebung, aber auch ein vergleichsweise hoher sozialer Mobilitätsgrad der Bevölkerung zu bieten, worauf im Text an Hand verschiedener Einzelbeispiele aufmerksam gemacht werden konnte. Der Hinweis auf die relativ hohe Mobilität wird bewußt auch als Vorgriff auf das anschließend folgende Dorf Atlamaxac gegeben, das, keine 1000 m von Xalcaltzingo entfernt liegend, das genaue Gegenbild dazu darstellt.

Der quantitative Modelltest von Xalcaltzingo basiert auf den Daten der allgemeinen Tabelle (I) zur Wirtschafts- und Sozialstruktur des Dorfes (im Anhang) und auf zusätzlich angefertigten Sondertabellen zur Berufsstruktur der Familien mit zwei bzw. drei erwerbstätigen Personen und zu ihrer Einkommenszusammensetzung. Diese Tabellen sind speziell zur sozialökonomischen Klassifikation der Familien mit gemischtem (landwirtschaftlichem und nicht-landwirtschaftlichem) Einkommen deshalb nötig, weil das prozentuale Verhältnis von landwirtschaftlichem und nicht-landwirtschaftlichem Einkommen den entscheidenden Aufschluß für die Zuweisung dieser Familien zu den einzelnen sozialökonomischen Klassen im gemischten Einkommensdifferenzierungsgang des Modells gibt. Für die rein landwirtschaftlichen bzw. rein nicht-landwirtschaftlichen Familien bedurfte es dieser ergänzenden Behandlung nicht, weil ihre Einkommenszusammensetzung, gleichgültig von wieviel Erwerbstätigen sie stammt, per definitionem eindeutig ist. Was jedoch im Hinblick auf die rein nicht-landwirtschaftlichen Familien erstaunt, ist ihre hohe Zahl von weit über der Hälfte der Dorfbewohner, verglichen mit der Gesamtzahl der Familien (101 gegenüber 187 Familien). Damit hat sich unter den drei bisher vorgenommenen Modelltests an diesem Beispiel am überzeugendsten die Berechtigung und die Notwendigkeit erwiesen, im ländlichen Raum sozialökonomische Klassifikation durchzuführen.

V. Die ländliche Gemeinde mit relativ stabiler landwirtschaftlicher Einkommensstruktur
(Teilweise bewässert, mit wenig spezialisierter Anbauorganisation und Marktorientierung, geringe Berufsmobilität)
Atlamaxac, Municipio Tepeyanco, Tlaxcala

Atlamaxac ist das zweite Dorf, an dem sowohl eine qualitative als auch eine quantitative sozialökonomische Klassifikationsuntersuchung durchgeführt werden soll. Wegen seiner unmittelbaren Nähe zu Xalcaltzingo bietet es zugleich günstige Vergleichsmöglichkeiten mit dieser seiner Nachbargemeinde.

Atlamaxac, nur einige hundert Meter nördlich von Xalcaltzingo jenseits einer flachen, breiten Barranca gelegen, ist physiognomisch

Tabelle 17: Zensusdaten von Atlamaxac

848 Einwohner
— davon: 27,9% erwerbstätig
    davon: 69,6% in der Landwirtschaft
           8,9% in der Industrie
           11,8% in Handel und Dienstleistungen
— davon: 84,4% alpabetisiert
— davon: 65,0% mit Primarschulbildung
— davon: 31,5% in Ausbildung befindlich

128 Häuser
— davon: 1,6% mit Wasseranschluß im Haus
— davon: 0,8% mit Kanalisation
— davon: 33,6% mit gesondertem Fußboden über dem Erdboden
— davon: 71,9% mit elektrisch Licht
— davon: 66,4% mit Radio
— davon: 18,0% mit Fernsehen

und strukturell das genaue Gegenstück zu Xalcaltzingo. Das Dorf wirkt äußerlich sehr ungepflegt und unorganisiert. Die Siedlung ist nach der besonders in Tlaxcala verbreiteten typischen indianischen Schwarmsiedlungsweise angelegt, so daß die Häuser häufig weiter als nur einen Baulückenabstand voneinander entfernt stehen. Konfessionsunterschiede gibt es nicht. Die Bevölkerung reagierte ablehnend auf unsere Befragungskampagne und war nur schwer von der Harmlosigkeit unseres Unternehmens zu überzeugen.

Von der 118 ha umfassenden Gemarkung sind 47 ha nicht bewässert. Der Grund dafür liegt in den mangelnden Bewässerungsmöglichkeiten. Ein zentraler Bewässerungsbrunnen konnte bisher nicht eingerichtet werden, weil dem Ort nach Ansicht der Bundeswasserbaubehörde Recursos Hidráulicos genügend Wasser aus der nahegelegenen Lagune von Acuitlapilco zur Verfügung steht. In der Tat besitzt das Dorf einen Verbindungskanal zum See. Die Wasserentnahme ist jedoch für Atlamaxac begrenzt, obwohl es sich als einziges Dorf davon bedient. Möglicherweise kollidiert es mit den Interessen der Fischfang betreibenden Seeanrainerdörfer. Die Leute von Atlamaxac dürfen nur an drei Tagen der Woche mit jeweils 12 Stunden den Wasserkanal öffnen. Da diese Wassermenge jedoch nicht ausreicht, das ganze Dorf zu bewässern, bietet alles, was mit den Wasserentnahmemodalitäten zusammenhängt, laufend Anlaß zu inner- und außerdörflichen Zwistigkeiten. Mit der Munizipalverwaltung ficht die Dorfvertretung seit Jahren einen Streit um die Erweiterung der Wasserentnahmeansprüche aus. Die inneren Auseinandersetzungen entzünden sich an dem berechtigten Neid der Nicht-Bewässerungslandbesitzer auf die Bewässerungsbauern. Trockenland und Bewässerungsland sind nicht entsprechend den Flächenanteilen etwa 50 zu 50 auf die Bevölkerung verteilt, sondern 13 reinen Bewässerungsbetrieben stehen 96 Trockenfeldbetriebe und 28 gemischte Betriebe gegenüber. Eine Chance zum Abbau dieser als Diskriminierung empfundenen landwirtschaftlichen Klassenabgrenzung kann nur in der Einbeziehung der gesamten Gemarkung in das Bewässerungsland gesehen werden.

Für die Trinkwasserversorgung stehen drei Brunnen mit einer Tiefe von 135, 160 und 180m zur Verfügung. Offiziell gilt ihre Leistungskraft als begrenzt, so daß die Bundeswasserbaubehörde den Bau eines vierten Tiefbrunnens zugesagt hat. Entgegen seiner Zweckbestimmung wird dieses Wasser in besonderen Bedarfsspitzen jedoch auch zur Feldbewässerung genutzt. Daran wird erneut deutlich, welche zentrale Bedeutung einer ausreichenden Wasserversorgung für die Agrarstruktur und den sozialen Frieden in den Dörfern des Untersuchungsgebietes zukommt.

Das Trockenfeldland wird ausschließlich für Mais- und Bohnenanbau genutzt. Aber auch das Bewässerungsland dient nicht einem so gefächerten intensiven Nutzungsprogramm wie in dem unmittelbar benachbarten Xalcaltzingo. Hauptanbaufrucht ist auch hier der Mais. Gemüse, Blumen und Alfalfa dienen nur als Zwischenfrüchte. Nennenswerte Unterschiede in der Nutzungsintensität ergeben sich auch durch die von den einzelnen Gruppen unterschiedlich gehandhabte Verwendung von chemischem Dünger.

Neben der reinen Bodenbearbeitung weisen Schweinezucht und Milchviehhaltung noch eine gewisse Verbreitung im Dorf auf. Ein Kilogramm Schweinefleisch (Lebendgewicht) bringt 12 Peso am Erzeugermarkt, ein Liter Milch wird zu einem Ladenpreis von 2,25 Peso im Dorf verkauft. (Zum Vergleich: In Benito Juárez beträgt der Erzeugerpreis für die qualitativ allerdings höherwertige Milch bereits 2,40 Peso). Die Bemühungen einer Gruppe von Campesinos richtet sich auf die Anlage eines Großviehstalls nach der Art des ihnen jedoch nicht bekannten Unternehmens von Benito Juárez. Weitere landwirtschaftliche oder außerlandwirtschaftliche Aktivitäten konnten in Atlamaxac nicht registriert werden.

Nicht nur wegen der Bewässerungsprobleme herrschen Unfriede und Mißtrauen im Dorf. Die Bevölkerung ist wegen eines 14 Jahre zurück liegenden Streites um die damals durchzuführende Elektrifizierung des Dorfes in zwei Lager gespalten. Die Anwohner durften sich damals entscheiden, ob die Verlegung der Leitungen von einer tlaxcaltekischen oder einer Poblaner Firma vorgenommen werden sollte. Man konnte sich deshalb nicht einigen, weil den Befürwortern der beiden konkurrierenden Firmen im Dorfe persönliche Belohnungen für eine erfolgreiche Werbetätigkeit ausgesetzt worden waren. Als sich schließlich eine Mehrheit für die tlaxcaltekische Firma entschied, fühlte sich die unterlegene Gruppe hinter das Licht geführt. Die Erinnerung an dieses Ereignis ist so frisch wie am ersten Tag. Daß auch dieser Konfliktfall kein leuchtendes Beispiel für eine besondere berufliche und wirtschaftliche Regsamkeit im Dorf darstellt, liegt auf der Hand.

Ein Blick auf die Rahmentabelle (II) zur Wirtschafts- und Sozialstruktur (im Anhang) zeigt, wie überragend die Vorrangstellung der landwirtschaftlichen Berufe, der Campesinos und Tagelöhner, ist. Nächstfolgende Gruppe sind die Rentner, die sich — wie bereits an anderer Stelle auseinandergesetzt — sowohl aus Rentnern im engeren Sinne als auch Altenteilern, Alleinstehenden, Witwen und Witwern zusammensetzt: Es handelt sich um Menschen, die sich nicht aus eigener Erwerbstätigkeit ernähren, aber einen eigenen Haushalt bilden. Erst als drittstärkste Gruppe folgen die Industriearbeiter, dann die Händler und die übrigen nicht-landwirtschaftlichen Berufsgruppen.

Insgesamt scheint das berufliche und soziale Spektrum von Atlamaxac keine sozialökonomischen Erscheinungen aufzuweisen, die von unserem Modell nicht erfaßt werden können. Diese Feststellung mag einerseits als selbstverständlich erscheinen, angesichts der unmittelbaren Nachbarschaftslage Atlamaxacs zu Xalcaltzingo und der damit verbundenen gleichen wirtschaftlichen und sozialen

Umweltbedingungen. Andererseits mag sie jedoch erstaunen, bedenkt man, wie grundsätzlich anders die einzelnen gesellschaftlichen Gruppen von Atlamaxac auf bestimmte Umweltkonstellationen reagieren. Andeutungsweise ließ sich ein solches unterschiedliches, um nicht zu sagen gegensätzliches „sozialgeographisches Verhalten" schon am Beispiel der in ebenfalls vergleichbarer geographischer Umwelt liegenden Ejidodörfer Xicoténcatl und Benito Juárez registrieren. Diese Beobachtungen führen direkt auf das Problem der sozialräumlichen Gliederung des Projektsgebietes, welches nach Abschluß dieser sozialökonomischen Klassifikationsversuche in einem gesonderten Hauptabschnitt vertiefend diskutiert werden soll.

Sozialökonomische Klassifikation

In diesem Abschnitt soll die quantitative sozialökonomische Klassifikation dargestellt werden. Was die qualitative Anwendbarkeit des Modells anbelangt, so darf diese Frage nach den vorausgehenden Ausführungen als positiv beantwortet werden.
Das Dorf Atlamaxac weist Familien mit einer bis vier erwerbstätigen Personen auf. Der absolut größte Anteil entfällt dabei auf die Familien mit einer erwerbstätigen Person; es sind 174 Familien. Ihre sozialökonomische Klassifikation ist relativ einfach, da die Zusammensetzung ihres Einkommens eindeutig ist. Für die sozialökonomische Einordnung dieser Familien kommen alle drei Differenzierungsgänge des Modells in Frage.
Die Tabelle II „Zur Wirtschafts- und Sozialstruktur von Atlamaxac" (im Anhang) weist 88 Campesino- und 21 Tagelöhnerfamilien mit einer erwerbstätigen Person aus. Da ihr landwirtschaftliches Produktionsziel fast ausschließlich mit Eigenverbrauch angegeben ist, erweist sich wiederum eine Zusatzerhebung als sinnvoll, die die geschätzten Werte, basierend auf Betriebsgröße und Betriebsziel, wiedergibt (s. Tab. 18). Danach sind 56 Campesinos auf den ausschließlichen Eigenverbrauch ihrer Produktion eingerichtet, 16 produzieren mit gelegentlichen Überschüssen, 8 erzielen regelmäßig Überschüsse, und 8 betreiben gezielte Marktproduktion. Außerdem gehen 5 der Campesinos zeitweilig niederen ambu-

Tabelle 18: Geschätzte Einkommenstruktur der landwirtschaftlichen
Familien mit einer erwerbstätigen Person in Atlamaxac 1974

Campesinofamilien	88	Tagelöhnerfamilien	21
Eigenverbrauch darunter: niedere Händlertät. 5 dörfl. Hilfsdienste 1	56	Tagelöhner ohne Land	8
gelegent. Überschüsse	16	Tagelöhner mit Land (Eigenverbrauch)	13
regelmäßige Überschußprod.	8		
gezielte Marktprod.	8		

lanten Händlertätigkeiten nach, einer ist in dörflichen Hilfsdiensten tätig. Dieser Nebenerwerb dient der Bereitstellung des Allernotwendigsten.

13 der 21 Tagelöhnerfamilien verfügen über eigenen Landbesitz und erzielen damit einen landwirtschaftlichen Nebenerwerb, der zur Aufbesserung der für die Ernährung einer Familie kaum ausreichenden Landarbeiterlöhne von günstigstenfalls 180,— Peso pro Woche dient.

Damit lassen sich die landwirtschaftlichen Familien folgenden sozialökonomischen Klassen zuordnen:

Landw. Familien (Subs.) ohne sonstiges Einkommen;	50
bzw. Tagelöhner ohne Land	8
Landw. Familien (Subs.) mit dorfgebundener Nebenbeschäftigung;	6
bzw. Tagelöhner mit landw. Nebenerwerb	13
Landw. Familien (Subs.) mit gelegentl. Ernteüberschüssen	16
Landw. Familien mit regelmäßiger Überschußproduktion	8

Landw. Familien mit gezielter
Marktproduktion   8
                                                  ———
                                                  109

Ferner:
Familien mit ausschließlich nicht-
landw. Einkommen   65

Die verbleibenden Familien mit einer erwerbstätigen Person, die Berufsgruppen vom „gewerblichen Hilfsarbeiter" bis zum „Rentner", ordnen sich der sozialökonomischen Klasse der „Familien mit ausschließlich nicht-landwirtschaftlichem Einkommen" zu. Ihre Zahl beträgt 65 (s. o. in der Aufstellung).

Die Familien mit zwei erwerbstätigen Personen[13])

Zur sozialökonomischen Klassifikation dieser Familien bedarf es wiederum einer spezifizierten Aufstellung zur Berufsstruktur der einzelnen Familien.

Tabelle 19: Die Berufsstruktur der Familien mit zwei erwerbstätigen Personen in Atlamaxac 1974

Beruf	1. Person	Beruf	2. Person
Campesino	2	Campesino	2
Campesino	5	Tagelöhner	5
Tagelöhner	1	Tagelöhner	1
Campesino	2	gew. Hilfsarbeiter	2
Campesino	1	Industriearbeiter	1
Campesino	1	Selbständ. (Händl.)	1
Rentner (eh. Camp.)	1	Campesino	1
Tagelöhner	2	gew. Hilfsarb.	2
Tagelöhner	1	Industriearb.	1
Gew. Hilfsarb.	1	gew. Hilfsarb.	1
Industriearbeiter	1	Angestellter	1
Selbständiger	2	gew. Hilfsarb.	2
Rentner	1	Angestellter	1
Handwerker	1	Handwerker	1
	22		22

[13]) Zusammenfassend ist die sozialökonomische Struktur der Familien mit zwei erwerbstätigen Personen in der Übersichtstabelle 21, S. 98 dargestellt.

Danach ergeben sich:
I. 9 Familien mit landwirtschaftlichem Einkommen:
   2 Campesino — Campesino — Familien
   5 Campesino — Tagelöhner — Familien
   1 Tagelöhner — Tagelöhner — Familie
   1 Rentner (Camp.) — Campesino — Familie

II. 7 Familien mit landwirtschaftlich — nicht-landwirtschaftlichem Einkommen:
   2 Campesino — Hilfsarbeiter — Familien
   1 Campesino — Industriearbeiter — Familie
   1 Campesino — Selbständigen — Familie
   2 Tagelöhner — Hilfsarbeiter — Familien
   1 Tagelöhner — Industriearbeiter — Familie

III. 6 Familien mit nicht-landwirtschaftlichem Einkommen:
   1 Hilfsarbeiter — Hilfsarbeiter — Familie
   1 Industriearbeiter — Angestellten — Familie
   2 Selbständigen — Hilfsarbeiter — Familien
   1 Rentner — Angestellten — Familie
   1 Handwerker — Handwerker — Familie

Die Familien mit nicht-landwirtschaftlichem Einkommen, es sind 6, lassen sich ohne weiteres der sozialökonomischen Klasse der „Familien mit ausschließlich nicht-landwirtschaftlichem Einkommen" im Modell zuweisen.

Die 9 landwirtschaftlichen Familien bedürfen einer vorherigen Sichtung auf ihr ökonomisches Betriebsziel bzw. die Höhe ihres Einkommens hin.

Unter ihnen ist, wie bereits in anderem Zusammenhang festgestellt, die Neigung nicht groß, über den Eigenverbrauch hinausgehend, landwirtschaftliche Erzeugnisse zu produzieren. Die begrenzten Betriebsgrößen würden dazu auch nicht ausreichen, zumal nur zwei Betriebe von ihnen mit insgesamt weniger als 1 ha Anteil am Bewässerungsland haben. — Alle Tagelöhnerfamilien verfügen über kein Land. — Die eine Rentner — Campesino — Familie wurde hier den landwirtschaftlichen Familien zugeordnet, weil es sich um einen Kombinationsfall eines ehemaligen Campesino, der noch landwirtschaftliche Familienversorgung betreibt, mit einem vollberuflich tätigen Campesino handelt.

Damit ergibt die Zuweisung der rein landwirtschaftlichen Familien zu den sozialökonomischen Klassen folgendes Bild:

1 landwirtschaftliche Familie mit regelmäßiger Überschußproduktion

7 landwirtschaftliche Familien (Subs.) mit gelegentlichen Ernteüberschüssen

1 Tagelöhnerfamilie ohne Land

(s. auch die Übersichtstabelle 21, S. 98).

Die sozialökonomische Klassifikation der 7 Familien mit landwirtschaftlich — nicht-landwirtschaftlichem Einkommen erfolgt mit Hilfe der folgenden Tabelle 20.

Tabelle 20: Die Einkommensstruktur der landwirtschaftlich-nicht-landwirtschaftlichen Familien mit zwei Erwerbspersonen in Atlamaxac 1974

Höhe des Einkommens in mex.$, Wochenlöhne

Familie	landw. Eink.	n.-landw. Eink.	prozentuales Verhältnis
1. Campesino — Hilfsarbeiter — Familien			
1.	200.—	300.—	n.-lw. > 50 % des Gesamteink.
2.	200.—	350.—	n.-lw. > 50 % des Gesamteink.
2. Campesino — Industriearbeiter — Familien			
1.	400.—	600.—	n.-lw. > 50 % des Gesamteink.
3. Campesino — Selbständigen — Familien			
1.	150.—	250.—	n.-lw. > 50 % des Gesamteink.
4. Tagelöhner — Hilfsarbeiter — Familien			
1.	120.—	200.—	n.-lw. > 50 % des Gesamteink.
2.	150.—	200.—	n.-lw. > 50 % des Gesamteink.
5. Tagelöhner — Industriearbeiter — Familien			
1.	150.—	350.—	n.-lw. > 50 % des Gesamteink.

Alle 7 Familien des gemischten Einkommenstyps weisen ein Übergewicht des nicht-landwirtschaftlichen Einkommens auf und

lassen sich damit der entsprechenden sozialökonomischen Klasse „mit überwiegend nicht-landwirtschaftlichem Einkommen" im dritten Differenzierungsgang zuweisen.

Zusammenfassend ist die sozialökonomische Struktur der Familien mit zwei erwerbstätigen Personen in der folgenden Tabelle dargestellt.

Tabelle 21: Die sozialökonomische Struktur der Familien mit zwei erwerbstätigen Personen in Atlamaxac 1974

Landwirtsch. Familien (Subs.) ohne sonstiges Einkommen; bzw. Tagelöhner ohne Land	1
Landwirtsch. Familien (Subs.) mit gelegentl. Ernteüberschüssen	7
Landwirtsch. Familien mit regelmäßiger Überschußproduktion	1
Familien mit überwiegend nicht-landwirtschaftlichem Einkommen	7
Familien mit ausschließlich-nicht-landwirtschaftlichem Einkommen	6
	22

Die Familien mit drei und vier erwerbstätigen Personen

Der Anteil dieser Familien ist nach der Rahmentabelle (II) „Zur Wirtschafts- und Sozialstruktur von Atlamaxac" (im Anhang) verschwindend gering. Über drei erwerbstätige Personen verfügen nur vier Familien, über vier erwerbstätige Personen eine einzige Familie.

Die vier Familien mit drei erwerbstätigen Personen gliedern sich nach der Art ihrer Berufszusammensetzung folgendermaßen auf:

I. 1 Campesino — Campesino — Campesino — Familie
   1 Rentner (Camp.) — Campesino — Tagelöhner — Familie

II. 1 Tagelöhner — Händler — Hilfsarbeiter — Familie
   1 Rentner (Camp.) — Hilfsarbeiter — Hilfsarbeiter — Familie

Da beide Rentner vormals Campesino waren, sind sie sinnvollerweise den landwirtschaftlichen Berufen zuzuordnen. Ihr Beitrag zum Familieneinkommen beschränkt sich jetzt auf Hilfsdienste im Betrieb mit Familienversorgungscharakter. — Der eine Tagelöhner in der ersten Gruppe verfügt über keinen eigenen Landbesitz.

In der ersten Gruppe sind die beiden Familien mit ausschließlich landwirtschaftlichem Einkommen zusammengefaßt. Da sich ihre Wirtschaftsweise auf die reine Selbstversorgung beschränkt, sind sie der sozialökonomischen Klasse der „landwirtschaftlichen Familien (Subs.) ohne sonstiges Einkommen" (2) zuzuordnen.

Bei den beiden Familien der gemischten Einkommensgruppe überwiegt das nicht-landwirtschaftliche Einkommen, so daß die Einordnung in die entsprechende sozialökonomische Klasse „Familien mit überwiegend nicht-landwirtschaftlichem Einkommen" (2) auch vorgenommen werden kann.

Die sozialökonomische Struktur der Familien mit drei erwerbstätigen Personen sieht also folgendermaßen aus:

Landwirtschaftliche Familien (Subs.) ohne sonstiges Einkommen; bzw. Tagelöhner ohne Land	2
Familien mit überwiegend nicht-landwirtschaftlichem Einkommen	2

Als letzte ist die Familie mit *vier erwerbstätigen Personen* zu klassifizieren.

Es handelt sich um eine Familie mit den Berufen Campesino — Hilfsarbeiter — Tagelöhner — Tagelöhner.

Da das landwirtschaftliche Einkommen zusammengenommen das gewerbliche übertrifft (400,— zu 300,— Peso), ist die Familie sozialökonomisch als „überwiegend mit landwirtschaftlichem Einkommen" zu klassifizieren.

Familien mit überwiegend landwirtschaftlichem Einkommen	1

Tabelle 22: Die sozialökonomische Struktur von Atlamaxac, 1974

Undifferenzierte, isolierte Subsistenzwirtschaftsgesellschaft			
„Subsistenzdifferenzierungsgang"	„Marktorientierungsgang"	„Gemischter Einkommensdifferenzierungsgang"
Landw. Familien (Subs.) ohne sonstig. Einkommen; 52	Landw. Familien (Subs.) mit gelegentlichen Ernteüberschüssen 23	Familien mit überwieg. landw. Einkommen: landw. Eink. > 50 % des Gesamteinkommens 1
bzw. Tagelöhner ohne Land 9	Landw. Familien mit regelmäßiger Überschußproduktion 9	Familien mit ausgeglichenem landwirtschaftl. u. nicht-landw. Eink. 9
Landw. Familien (Subs.) mit dorfgebundener Nebenbeschäftigung; bzw. 6		
Tagelöhner mit landw. Nebenerwerb 13		
Landw. Familien (Subs.) mit Fam.-Angehörigen in dorfgebundener außerlandw. Vollbeschäftigung 8	Landw. Familien mit gezielter Marktproduktion 8	Familien mit überwieg. nicht-landw. Eink.: nicht-landw. Eink. > 50 % des Gesamteinkommens 9
Landw. Familien (Subs.) mit Fam.-Ang. in nicht dorfgebundener außerlandw. Vollbeschäftigung	Landw. Familien mit gezielter Marktproduktion und arbeitsteiliger Vermarktungsorganisation	Familien mit ausschl. nicht-landwirtschaftl. Einkommen 71
Subventionierte Subsistenzfamilien	Marktorientierte landwirtschaftl. Familien mit Verselbständigung im Handel	Gewerblich-ländliche Oberschicht

Differenzierte, integrierte, urbane (Industrie-) Gesellschaft

Das quantifizierte sozialökonomische Klassifikationsmodell und die sozialökonomische Struktur von Atlamaxac

In der sozialökonomischen Struktur von Atlamaxac sind die landwirtschaftlichen Gruppen gegenüber den nicht-landwirtschaftlichen beinahe doppelt so stark vertreten. Von insgesamt 201 Familien haben sich aus der Bodenbearbeitung 71 Familien vollkommen gelöst, 9 erwirtschafteten ihr Einkommen aus überwiegend nicht-bodenbezogener Arbeit.

Das sind immer noch hohe Werte in Anbetracht der ursprünglich rein agrarischen Orientierung dieses in der landwirtschaftlichen Nutzung begünstigten Dorfes. Es bestätigt sich an diesem Beispiel die bereits beobachtete Tatsache, daß der bisher für eine typisch städtische Erscheinung gehaltene Differenzierungsprozeß der Gesellschaft den ländlichen Raum voll erfaßt hat.

Die zahlenmäßige Konstellation der einzelnen sozialökonomischen Klassen zueinander gibt einigen Aufschluß darüber, in welcher spezifischen Weise dieser Differenzierungsprozeß in Atlamaxac abläuft. Es fällt auf, daß das sozialökonomische Spektrum relativ schmal ist. Von 17 möglichen sozialökonomischen Gruppen sind nur 10 besetzt. Die sozialökonomische Struktur des Dorfes wird jedoch im wesentlichen von nur zwei Gruppen getragen: den Subsistenzfamilien (mit einigen graduellen Unterschieden in den Ernteerträgen) und den ausschließlich nicht-landwirtschaftlichen Familien. Das läßt die Deutung zu, daß das Eindringen nicht-landwirtschaftlicher Erwerbsmöglichkeiten in diesem Dorf nicht einen integrativen sozialökonomischen Differenzierungsprozeß mit zahlreichen landwirtschaftlich — nicht-landwirtschaftlichen Mischformen in Bewegung gesetzt, sondern zu einer Polarisierung von landwirtschaftlichen und nicht-landwirtschaftlichen Gruppen geführt hat. Offensichtlich war die ländliche Gesellschaft von Atlamaxac, zumindest aber derjenige Teil von ihr, der als der immobilere einzustufen ist, diesem Wandlungsprozeß nicht gewachsen und hat nicht mit Anpassungsbereitschaft, sondern mit Abwehr, teilweise mit sozialer Abkapselung reagiert. Nicht einmal im rein landwirtschaftlichen Bereich ist es zu weiteren sozialökonomischen Differenzierungsformen gekommen.

Diese Befunde decken sich voll mit den eingangs beschriebenen Beobachtungen zum allgemeinen gesellschaftlichen Erscheinungsbild Atlamaxacs, wonach unüberwundene Konflikte, Mißtrauen und Cliquenbildung das soziale Milieu des Dorfes bestimmen.

Gegenüber Xalcaltzingo, das sich als Beispiel für eine stärker ausgewogene, gut organisierte, gepflegte und in der Entwicklung dynamische Arbeiter- und Bauerngemeinde hatte charakterisieren lassen, stellt Atlamaxac — wie ausgeführt — das krasse Gegenbild dar. Die Gründe dafür dürften in ihrer unterschiedlichen sozialen Mobilität zu suchen sein. Es soll hier nicht erneut die Diskussion geführt werden, in welchem engeren Zusammenhang die konfessionelle Differenzierung und der hohe wirtschaftliche und soziale Entwicklungsgrad von Xalcaltzingo stehen. Der mobilitätsfördernde Effekt solcher konfessioneller Konstellationen im allgemeinen dürfte hinlänglich bekannt sein.

Was die mögliche Beeinflussung der Mobilität durch die räumlichen Umweltfaktoren anbelangt, so soll diese Diskussion nicht mit dem Hinweis auf die unmittelbare Nachbarschaft der beiden Dörfer unterbunden werden. Immerhin liegt Xalcaltzingo von Puebla aus gesehen, diesseits und Atlamaxac jenseits einer sich in der Regenzeit als sehr hinderlich erweisenden Barranca. Aber auch um Xalcaltzingo zu erreichen, muß man für etwa 200 m das Flußbett einer Barranca benutzen, wenn man nicht den Umweg von einigen Kilometern über eine auch nicht bessere Straße scheut. Zur Vertiefung dieser Frage wäre es sicher nötig, weitere Nachbarorte von Xalcaltzingo zu untersuchen.

Zusammenfassung der Ergebnisse der sozialökonomischen Klassifikation von Atlamaxac

Atlamaxac ist das zweite Beispiel für einen sowohl qualitativ als auch quantitativ durchgeführten sozialökonomischen Klassifikationsversuch. Nicht zuletzt wegen seiner unmittelbaren Nähe zum Nachbarort Xalcaltzingo wurde es in den Kreis der untersuchten Dörfer aufgenommen. Obwohl sich dieser Faktor der räumlichen Nähe nicht in einer strukturellen Ähnlichkeit niederschlägt, ergab sich manche Gelegenheit für die vergleichende Einbeziehung des sozialökonomischen Typs Xalcaltzingo.

Atlamaxac ist physiognomisch und strukturell das genaue Gegenstück zu Xalcaltzingo. Äußerlich ist das an einem wenig geordneten und ungepflegten Erscheinungsbild des Dorfes sichtbar. — Die Landwirtschaft hat längst nicht den Entwicklungsgrad erreicht wie die von Xalcaltzingo. Nur etwa die Hälfte der Gemarkung ist Bewässerungsland. Seiner Erweiterung stehen Schwierigkeiten entgegen, deren Überwindung nur mit Hilfe eines einmütigen Willens und einer ungeteilten öffentlichen Meinung denkbar ist. Daran mangelt es dem Dorf aber grundsätzlich. Nicht nur, daß Trockenfeld- und Bewässerungsbauern miteinander zerstritten sind, weil sich die Bewässerungsfläche nicht anteilmäßig auf alle Besitzer verteilt; der Bevölkerung ist es nicht gelungen, einen 14 Jahre zurückliegenden innerdörflichen Konflikt zu bereinigen, der sich an der Überfordertheit der Dorfbewohner entzündet hatte, gemeinsam zu entscheiden, welcher von zwei konkurrierenden Firmen der Auftrag zur Elektrifizierung von Atlamaxac erteilt werden sollte. Dieser Konflikt hat zur Aufspaltung der Bevölkerung in zwei Lager geführt.

Diese und andere im Text erwähnte Vorgänge, welche auf einen geringen sozialen Mobilitätsgrad der Bevölkerung hindeuten, finden ihre Entsprechung in einer wenig differenzierten Berufsstruktur. Die quantitative sozialökonomische Klassifikation ergibt, daß sich die Aufteilung der Berufsgruppen im wesentlichen auf die meist selbstversorgerisch betriebene Landwirtschaft einerseits und auf den mit der gewerblich-ländlichen Unterschicht von Benito Juárez vergleichbaren nicht-landwirtschaftlichen Sektor andererseits beschränkt. Die zahlreichen möglichen zwischen diesen Extremen liegenden sozialökonomischen Differenzierungsformen sind in Atlamaxac unterrepräsentiert. Das gilt sowohl für die Familien mit einer als auch mit mehreren Erwerbspersonen.

In der Begrenztheit auf jene wenigen sozialökonomischen Differenzierungsformen unterscheidet sich Atlamaxac grundsätzlich von Xalcaltzingo, welches sich durch eine besser ausgewogene Repräsentanz beinahe aller sozialökonomischer Klassen auszeichnet und damit Anklänge an industriestaatliche Entwicklungszyklen weckt. Als Grund dafür dürfte die höhere soziale Mobilität Xalcaltzingos gelten, über deren Ursachen im Verhältnis zur konfessionellen Differenzierung Xalcaltzingos aus Mangel an weiterem Vergleichsmaterial jedoch keine endgültigen Aussagen zu machen sind.

VI. Die großstadtnahe ländliche Bauern- und Arbeitergemeinde
(Kontrovers geprägte ländliche Sozialstruktur mit Wandlungstendenzen zu außerlandwirtschaftlichen Einkommensverhältnissen; im Ausstrahlungsbereich der gewerbestarken Großstadt)
San Juan, Municipio Puebla, Bundesstaat Puebla

Tabelle 23: Zensusdaten von San Juan

3249 Einwohner
— davon: 57,6% erwerbstätig
    davon: 57,6% in der Landwirtschaft
           31,5% in der Industrie
           8,4% in Handel und Dienstleistungen
— davon: 66,0% alphabetisiert
— davon: 47,6% mit Primarschulbildung
— davon: 14,8% in Ausbildung befindlich

452 Häuser
— davon: 56,4% im Eigenbesitz
— davon: 42,0% mit Wasseranschluß im Haus
— davon: 41,8% mit Kanalisation
— davon: 76,8% mit gesondertem Fußboden über dem Erdboden
— davon: 81,2% mit elektrisch Licht
— davon: 65,9% mit Radio
— davon: 18,1% mit Fernsehen

Das Dorf San Juan[14]) liegt im näheren Einzugsbereich der Hauptstadt des gleichnamigen Bundesstaates Puebla. Es ist in einer Omnibusstunde von der Stadt erreichbar. Trotz eines nur schwer

[14]) s. Anmerkung 4, S. 29

befahrbaren, unbefestigten Zugangsweges verfügt es über regelmäßige Verkehrsverbindungen. Darüber hinaus ist der private Motorisierungsgrad relativ hoch.

Das Dorf San Juan profitiert stark von der großen Wirtschaftskraft der 1974 etwa eine halbe Million Einwohner zählenden Großstadt Puebla, die überregional zentrale Funktionen sogar gegenüber dem Bundesstaat Tlaxcala erfüllt. Puebla ist gewerblich sehr gut entwickelt. Zu seinen stärksten Wirtschaftszweigen gehört die Textilindustrie mit einer großen Zahl von gewerblichen Arbeitsplätzen sowohl für die Stadtbevölkerung als auch für das nahe und ferne Umland. Seit 1964 ist Puebla Standort des gut florierenden mexikanischen Volkswagenwerkes, welches ebenfalls Pendlerströme aus der weiteren Umgebung der Fabrik anlockt. Daneben bieten die zahlreichen Märkte, Groß- und Einzelhandelsgeschäfte, Banken und Büros Arbeitsplätze in Handel und Dienstleistungen. Nicht zuletzt wegen seines großen Angebots an beruflichen Chancen ist Puebla Anziehungspunkt und z. T. Durchgangsstation nach Mexiko-Stadt für einen nicht endenden Migrationsstrom von Menschen aus dem ländlichen Raum, wo die Erwerbsgrundlagen wegen der ständig wachsenden Bevölkerung schon seit langem nicht mehr ausreichen.

Wie die vier bereits untersuchten Dörfer ist auch San Juan von dieser Problematik betroffen: mit dem Unterschied jedoch, daß seine besondere Großstadtnähe zusammen mit den damit verbundenen beruflichen und sozialen Chancenvorteilen die Vermutung nahegelegt, daß die Entwicklung hier zur Ausbildung einer mobileren sozialökonomischen Gesellschaftsstruktur geführt hat und günstige Voraussetzungen zum Studium besonders weit fortgeschrittener sozialökonomischer Differenzierungsformen innerhalb des ländlich-städtischen Wandlungsprozesses bietet.

In dieser Erwartung fühlt man sich getäuscht, wenn man einen Blick auf die Zensusdaten (vgl. S. 104) bzw. die Grunddaten zur Wirtschafts- und Sozialstruktur von San Juan (s. Tab. III im Anhang) wirft. Hier überwiegen noch stark die agrarischen Erwerbsformen.

Wie aus der Tabelle zur Wirtschafts- und Sozialstruktur von San Juan (im Anhang) entnehmbar, besteht die Bevölkerung aus einer größeren Gruppe von Eigenlandcampesinos und einer kleineren Gruppe von Ejidatarios, die in der amtlichen Statistik (vgl. die Zensusdaten auf S. 104) nicht aufgeführt sind. Beide sind ausnahmslos Trockenfeldbauern. Streitobjekt zwischen diesen beiden Gruppen ist der Landbesitz. Bis zur Einrichtung einer Ejidofraktion im Jahre 1953 hat es eine nicht endende Reihe von Übergriffen zwischen den damals landlosen und den besitzenden Campesinos gegeben. Nach der Zuteilung von einigen hundert Hektar Ejidoland, die die Regierung aus der Teilenteignung einer benachbarten Hacienda gewann, lockerten sich die Fronten längst nicht in dem Maße, wie das Streitobjekt aus dem Weg geräumt war. Daneben formierte sich eine neue Angriffsfront gegenüber denjenigen Campesinos und Ejidatarios, die die Zuteilung des Landes akzeptierten, ihr Land jedoch nachlässig bewirtschafteten, weil sie bereits in nicht-landwirtschaftlichen Berufen Fuß gefaßt hatten.

Mit diesem sozialen Verhalten scheint eine relativ niedrige Alphabetisierungsquote von unter 70 % (in Atlamaxac 84,4 %) und eine noch geringere Schulbildungsquote von unter 50 % (in Atlamaxac 65 %) einherzugehen. Nach unseren Befragungserfahrungen dürfte diesen Angaben ein hoher Wahrscheinlichkeitsgrad zukommen.

Mit diesen Merkmalen, die auf eine vergleichsweise große soziale Zurückgebliebenheit dieses Dorfes trotz seiner Lage im Ausstrahlungsbereich der Großstadt hindeuten, repräsentiert San Juan einen sozialökonomischen Typ von ländlichen Gemeinden, die sich nicht durch Anpassung an die soziale und wirtschaftliche Entwicklung möglicher städtischer Vorbilder auszeichnen, sondern durch soziale Abkapselung, ja aggressive Frontstellung gegen solche Einflüsse. Sichtbares Kennzeichen dafür sind die vielfältigen Konfliktsituationen, in denen sich die Bevölkerung des Dorfes befindet.

Zur Gesetzmäßigkeit dieser Entwicklung, die NICKEL (1973) bereits an einem anderen Beispiel anschaulich beschreibt, scheint es zu gehören, daß der Konflikt schnell über seinen eigentlichen Anlaß hinauswächst. Gesonderte Befragungen zu diesem Punkt in San Juan ergaben, daß im Endstadium einer Landinvasion ortsfremde Gruppen, z. T. aus der Stadt, z. T. aus den Nachbardörfern stammend, zu einem größeren Prozentsatz an den Aktionen beteiligt waren als die Betroffenen selbst. Allerdings räumten einige Bewohner von San Juan ein, sie seien ebenfalls an Landinvasionen in benachbarten Dörfern beteiligt gewesen, ohne an deren Konflikten irgendeinen Anteil gehabt zu haben; der Abenteuercharakter solcher Aktionen sei genügend Anreiz. Auf eine detaillierte Darstellung dieser Vorgänge muß jedoch zum Schutz der Interviewpersonen verzichtet werden.

Die Tatsache, daß neuerdings auch Landinvasionen von San Juan ausgehen, sollte in Hinblick auf die Beurteilung des sozialen Verhaltens seiner Bevölkerung nicht überbewertet werden. Primär scheint eine dem Dorfcharakter offensichtlich eigene Streitlust erkennbar zu sein, die sich schon vor der stärkeren Aktualisierung des Landinvasionsgedankens in exaltierten Verhaltensweisen der Bevölkerung äußerte.

Aber auch heute noch schicken z. B. viele Eltern ihre Kinder nicht zur Schule, weil sie befürchten, sie würden dort zum Militärdienst gedungen. — Eine Gruppe von Agronomen, die zur Bonitierung der Böden von San Juan ins Dorf gekommen war, bedrohten die Bewohner wiederholt mit der Waffe und jagten sie davon. — Während unserer Befragungsaktionen, die nur unter persönlichem Begleitschutz durch einige Angestellte der Munizipialverwaltung möglich war, achtete eine sich immer in der Nähe haltende Gruppe von jungen Männern argwöhnisch darauf, daß die Töchter des Dorfes nicht entführt wurden. — Unter den Männern ist der Alkoholismus stark verbreitet. Am Tage treiben sich durchschnittlich 20 Betrunkene auf den Straßen, in den Hauseingängen und auf dem Friedhof herum. Begräbnisse sind mit dem gern angenommenen Ritus verbunden, daß jeder männliche Trauergast eine Flasche mit 3 Liter Pulque und 3 Tortas (gefüllte Maisfladen) erhält.

Eine gewisse Rolle bei den innerdörflichen Zwistigkeiten in San Juan spielt auch der Kampf um das Wasser. Für die Trinkwasserversorgung steht augenblicklich nur ein Brunnen mit einer von den Campesinos übereinstimmend angegebenen Tiefe von 317 m (!) zur Verfügung. Ein zweiter Brunnen mit 117 m Tiefe ist trocken gefallen. Seit zwei Jahren ist das Dorf mit einem Rohrleitungsnetz für die einzelnen Hausanschlüsse versehen. Vor diesem Zeitpunkt mußten sich die Haushaltungen selbst mit Wasser versorgen, indem sie es sich in Eimern und Kannen von der zentralen Verteilerstelle im Dorf abholten.

Unter den Ejidatarios ist der Ruf nach der Anlage eines Brunnens zur Feldbewässerung am lautesten. Sie haben die schlechtesten Felder, die an den trockenen Hängen der Malinche liegen. Entsprechend ihrem Ejidatariostatus wären sie aber besonders auf die Feldbestellung fixiert. Auf die Erfüllung solcher Bewässerungswünsche bestehen keinerlei konkrete Aussichten.

Entsprechend diesen ungünstigen Ausgangsbedingungen ist die landwirtschaftliche Nutzung im Dorf auf die typischen Trockenfeldfrüchte beschränkt. Die Ejidatarios haben außer den Hauptanbaufrüchten Mais und Bohnen zur Eigenversorgung noch gewisse Anteile am Anbau von Kartoffeln. Die Eigenland-Campesinos ziehen nur Mais und Bohnen.

Darüber hinaus gelangen von San Juan aus die unterschiedlichsten agrarischen Produkte auf die Märkte von Puebla. Ein recht lukratives Geschäft liegt im Verkauf von Holzkohle (pro kg 2 Peso), deren Herstellung in Anbetracht des hohen Abholzungsgrades der mexikanischen Wälder gesetzlich verboten ist. Zu den ausgefalleneren Angeboten auf den Märkten gehört in Säcke verpackter Humusboden, 40 kg zu 25,– Peso. Eine Delikatesse für den Gaumen des Mexikaners ist eine Raupenart, die im Wurzelbereich der Maguey-Agave beheimatet ist. Auch sie wird in San Juan gewonnen und pro kg für mehr als 50,– Peso verkauft, das ist doppelt soviel wie für ein kg Rindfleisch.

Die Ernteüberschüsse an Mais, Bohnen und Kartoffeln werden zum größten Teil an Aufkäufer abgegeben, die nach der Erntezeit durch die Dörfer ziehen. Das Verhältnis der Dorfbewohner zu den staatlichen Aufkaufsorganisationen, der Ejidalbank und „Conasupo", ist, wie in den meisten Dörfern, sehr schlecht. Meistens klagen die Campesinos darüber, daß sie bei der Festsetzung des Aufkaufpreises übervorteilt würden. In manchen Fällen sind sie dabei im Recht, in anderen nicht.

Auf der Suche nach einer Erklärung für die z. T. verworrenen Verhältnisse in San Juan wird man schnell auf die überaus hohe Abwanderungsrate der Dorfbevölkerung aufmerksam. Darüber gibt es natürlich kein amtliches statistisches Material. Aber man erhält auf folgende Weise einigen Aufschluß darüber. Ein Blick auf die Tabelle III „Zur Wirtschafts- und Sozialstruktur von San Juan" macht den nicht häufig in mexikanischen Dörfern zu beobachtenden Zustand deutlich, daß die kleinste Familiengrößenklasse „bis 5 Personen pro Familie" am stärksten vertreten ist und die nächstfolgende „6—10 Personen" mit 218 zu 175 übertrifft. Dazu kommt eine kräftige Überrepräsentanz der Jahrgänge über 50 Jahre. Ihre Zahl ist bei den Familien mit einer erwerbstätigen Person nahezu ebenso groß wie die unter 30 Jahre alten. Da im allgemeinen, wie man aus anderen Untersuchungen zum mexikanischen Migrationsproblem weiß (vgl. auch NICKEL, 1973), die sozial und wirtschaftlich mobilste Bevölkerung diesen Abwanderungsstrom trägt, für den im nahen Umland einer Großstadt natürlich besonders starke Aktivierungskräfte vorhanden sind, dürfte der zurückbleibenden Bevölkerung der Charakter einer konzentriert negativen Auslese zukommen, was ihre Mobilität anbelangt.

Diese Tatsache enthält den Schlüssel zur Beantwortung der meisten Fragen, die sich aus dem gesellschaftlich so wenig homogenen Erscheinungsbild San Juans ergeben. Z. B. erklärt sich daraus der Widerspruch, daß man den traditionellen Kampf um den Zugewinn von Land fortsetzt, obwohl sich die agrarische Basis ohnehin laufend durch die Abwanderung großer Teile der Bevölkerung verbessert. Die Tabelle III „Zur Wirtschafts- und Sozialstruktur von San Juan" weist eine klare Häufung der Betriebsgrößenklassen von „2 bis unter 6 ha" auf. Sogar über „8 ha und mehr" verfügen noch 87 Eigenland-, 24 Ejido- und 2 gemischte Betriebe.

Aus der überaus hohen Abwanderungsrate dürfte sich auch der relative Wohlstand erklären, auf den die starke Repräsentanz der mittleren Einkommensklassen in der Tabelle III hinweist. Neben einer guten landwirtschaftlichen Ertragslage infolge sich erweiternder Betriebsgrößen ist die Rückflußquote der in Puebla von den Abgewanderten erwirtschafteten Unterhaltsgelder offensichtlich nicht gering, so daß die zurückgebliebenen Familienangehörigen kräftig davon profitieren dürften. Trotz des sozial niedrigen Niveaus der Dorfbevölkerung versetzte uns der relativ hohe Einrichtungskomfort vieler Häuser — häufig mit Gasofen, Fernsehapparat und Kühlschrank ausgestattet — bei den Befragungen immer wieder in Erstaunen. Es gibt kaum ein Haus in San Juan, aus dem nicht wenigstens eine erwerbstätige Person entweder ganz nach Puebla abgewandert ist oder als Pendler dort ihr Einkommen verdient.

In keinem der untersuchten Dörfer dürften sich Traditionalismus und Fortschritt so konträr gegenüberstehen wie in San Juan. Zwar scheinen die Voraussetzungen für den Abbau dieser Gegensätze dadurch günstig, daß sich beinahe in jeder Familie die Auseinandersetzung zwischen ländlicher Tradition und städtischem Fortschritt in der Weise abspielt, daß Personen der unterschiedlichsten Erwerbsverhältnisse nebeneinander leben; letztlich übersteigt es aber die Assimilationskraft der zurückbleibenden, von den adaptionsfreudigsten und -fähigsten Dorfgenossen verlassenen dörflichen Restgesellschaft, aus eigener Kraft die beschriebenen sozialen Fehlentwicklungen zu überwinden und mögliche „städtische Vorbilder" adäquat zu imitieren. Das Ergebnis sind Unzufriedenheit, soziale Abkapselung und gesteigerter Aggressionstrieb.

Sozialökonomische Klassifikation

Was die qualitative Erprobung des Klassifikationsmodells anbelangt, so ließen sich weder bei den Interviews noch nach Auswertung der Fragebögen neue sozialökonomische Formen und Gruppen feststellen, die nicht durch einen der bekannten sozialökonomischen Differenzierungsgänge abgedeckt sind. Das trifft sowohl auf die Eigenlandcampesinos als auch die Ejidofamilien zu. Ihr qualitativer Unterschied liegt nicht in einer verschiedenartigen sozialökonomischen Erfaßbarkeit durch das Modell, sondern in einem unterschiedlichen Rechtsstatus. Dieser hat jedoch für die wirtschaftliche und soziale Entfaltung der Ejidatarios insofern benachteiligende Wirkung, als er sie stärker, als das bei den Eigenlandcampesinos der Fall ist, an die Bodenbearbeitung bindet. Wie erinnerlich, stellt der schlechte Erhaltungszustand einer Ejidoparzelle eine Handhabe des Staates dar, die Ejidoparzelle einzuziehen und einem anderen Ejidatario zu übertragen. Obwohl diese Regel, wie auch die übrigen, z. B. die Unverkäuflichkeit von Ejidoparzellen, in der Praxis laufend verletzt werden, ist man von einer generellen Gleichstellung der Ejidatarios und Landeigentümer noch weit entfernt. U. a. aus diesem Grunde wurden diese beiden Gruppen in San Juan gesondert erfaßt. Was die detaillierten Beobachtungen zur qualitativen sozialökonomischen Struktur von San Juan anbelangt, so wird auf sie im Zusammenhang mit den quantitativen Einzelklassifizierungen hingewiesen werden. Da der quantitative Modelltest methodisch nach dem Muster der vorausgehenden Dorfuntersuchungen abläuft, soll er in seinem statistischen Teil in verkürzter Form dargestellt werden.

Zunächst die landwirtschaftlichen Familien mit einer erwerbstätigen Person:

Tabelle 24: Die landwirtschaftliche Einkommensstruktur der landwirtschaftlichen Familien mit einer erwerbstätigen Person in San Juan 1974

Eigenland-Familien: 530 (insgesamt)		Ejido-Familien: 120 (insgesamt)	
Campesino 223	Tagelöhner 34	Campesino 54	Tagelöhner 7
Eigenverbrauch ohne sonst. Eink. bzw. Tagelöhner ohne Land	55 7	10	–
Eigenverbrauch m. dorfgebund. Nebenbeschäft.; bzw. Tagelöhner mit landw. NE	18 15	6	6
gelegentl. Ernteüberschüsse	45 7	13	1
regelm. Überschußproduktion	28 5	7	–
gezielte Marktproduktion	49 –	4	–
mit nicht-landw. Nebenerwerb	28 –	14	–

Die Betrachtung dieser Tabelle läßt einige grundsätzliche Züge der Agrarsozialstruktur von San Juan erkennen:

1. Sowohl im ejidalen als auch im Eigenlandbereich liegt der Anteil der in der Landwirtschaft tätigen Familien bemerkenswert niedrig. Bei den Eigenlandcampesinos sind von insgesamt 530 Familien (mit einer erwerbstätigen Person) nur 223 Familienvorstände als Campesino und 34 als Tagelöhner tätig; das sind weniger als 50 % dieser Familien. Von den 120 Ejidatarios verdienen gerade 61, einschließlich der ejidalen Tagelöhner, ihr Auskommen in der Landwirtschaft.

2. Ein bisher nicht in dieser Höhe gewohnter Anteil von Tagelöhnern *mit* landwirtschaftlichem Nebenerwerb, d. h. mit Landbesitz, steht einem geringeren von Tagelöhnern *ohne* Land gegenüber (etwa 1/5 davon). In den übrigen Gemeinden war dieses Verhältnis umgekehrt gewesen. Dieser Befund scheint die eingangs dieses Modelltests geäußerte Vermutung zu bestätigen, daß der ständige Kampf des Dorfes um den Zugewinn von Land nicht primär durch einen akuten Landmangel motiviert ist.

Besondere Aufmerksamkeit dürften die Beobachtungen zum „Entagrarisierungsprozeß" im Ejidobereich verdienen. Ein großer Teil der Ejidatarios bearbeitet seine Parzellen nur noch als Nebenbeschäftigung oder hat den agrarischen Bereich total kommerzialisiert. Knapp 1/6, d. h. 19 der 120 Ejidofamilien ist nicht mehr in der Bodenbearbeitung tätig. Eine gesonderte Nachuntersuchung dieses Phänomens ergibt, daß die Ländereien entweder an Tagelöhner verpachtet sind (daher der hohe Anteil der Tagelöhner mit landwirtschaftlichem Nebenerwerb), oder daß Tagelöhner, wie in einigen Fällen feststellbar, in Dauerstellung zur Bearbeitung von Ejidoflächen beschäftigt werden, während die ejidalen Besitzer nicht selten einträglicheren außerlandwirtschaftlichen Tätigkeiten nachgehen:

Fall 1: Der Ejidatario besitzt 6 ha Ejidoland und 9 ha Eigenland, welches er von zusammen 6 Tagelöhnern bewirtschaften läßt. Er ist ferner Teilhaber in einem örtlichen Traktorensyndikat, das seine Dienste für landwirtschaftliche Arbeiten anbietet. Seine Frau hilft in seinem Einzelhandelsladen; für den An- und Abtransport der Waren steht ein Kombitransporter zur Verfügung, mit dem auch die landwirtschaftlichen Erzeugnisse der angestellten Tagelöhner auf die Märkte von Puebla und Cholula transportiert werden. Das Wocheneinkommen dieser Familien beträgt mindestens 2000.— Peso. Die Wohnungseinrichtung umfaßt neben einer gegliederten Raumaufteilung und einem anspruchsvollen Mobiliar einen Gasofen, einen Fernsehapparat und einen Kühlschrank.

Fall 2: 12 ha Ejidoland, das von zwei Tagelöhnern bewirtschaftet wird. Der Ejidatario besitzt ebenfalls einen Traktor und gehört dem Traktorensyndikat an. Seine Frau ist mithelfend in seinem Einzelhandelsgeschäft tätig. Ein Kombitransporter gehört zu seiner maschinellen Ausstattung. Die Hauseinrichtung entspricht der des ersten Ejidatarios. Wocheneinkommen ebenfalls bei 2000.— Peso.

Fall 3: Ebenfalls 12 ha Ejidoland, das von 2 Landarbeitern im Tagelohn bewirtschaftet wird. Der Besitzer unterhält eine Metzgerei im Dorf und gehört dem Traktorensyndikat an. Wocheneinkommen ebenfalls nahezu 2000.— Peso.

Fall 4: 9 ha Ejidoland, das von einem Tagelöhner bearbeitet wird. Der Ejidatario unterhält ebenfalls eine Metzgerei und besitzt einen Lieferwagen, mit dem er auch die landwirtschaftlichen Erzeugnisse zum Markt transportiert. Wocheneinkommen etwa 1000.— Peso.

Fall 5: 11 ha Ejidoland, welches nur notdürftig instandgehalten wird. Im Hauptberuf betreibt der Ejidatario eine Getreidemühle, außerdem versieht er das Amt eines Verwaltungsangestellten in der örtlichen Munizipialverwaltung, welches mit nicht unerheblichen Nebeneinkünften versehen ist. Wocheneinkommen etwa 1500.— Peso.

Fall 6: 6 ha Ejidoland, welches von zwei Tagelöhnern bearbeitet wird. Die Haupteinkunftsquelle des Ejidatario ist ein örtlicher Einzelhandel, in dem auch die landwirtschaftlichen Erzeugnisse angeboten werden. Für den Warentransport ist ein Lieferwagen vorhanden. Wocheneinkommen etwa 1000.— Peso.

Zumindest die ersten drei der 6 eingehend beschriebenen Fälle dürften es verdienen, der gewerblich-ländlichen Oberschicht zugeordnet zu werden. Damit scheint sich im Ejido von San Juan die gleiche Entwicklung zur Entfremdung des eigentlichen Ejidogedankens abzuzeichnen, wie sie sich in ausgeprägterer Form bereits in Benito Juárez hatte beobachten lassen. Im klassifikatorischen Sinne kann keine dieser näher bezeichneten Ejidofamilien als ausschließlich oder überwiegend landwirtschaftlich eingeordnet werden.

Eine dritte Beobachtung hinsichtlich des Verbleibs des nicht mehr vollberuflich genutzten Landes drängt sich auf. Hier hat die Entwicklung offensichtlich zur Ausbildung eines landwirtschaftlichen Nebenerwerbs geführt, der durchaus Merkmale industriestaatlicher Nebenerwerbsformen trägt, weil er zusammen mit dem Haupterwerb von einer einzigen Person betrieben wird. Diese Feststellung macht es notwendig, die früheren Ausführungen zum Wesen des landwirtschaftlichen Nebenerwerbs folgendermaßen zu modifizieren: In einigen Dörfern, offensichtlich dort, wo die Abwanderungsrate der Bevölkerung so groß ist, daß Teile der landwirtschaftlichen Nutzfläche freiwerden, kommt es vor, daß nichtlandwirtschaftlicher Haupterwerb und landwirtschaftlicher Nebenerwerb (und umgekehrt) von einer und derselben Person betrieben werden. Das scheint vornehmlich in solchen stadtnahen Gebieten der Fall zu sein, wo ein außerordentlich großes Angebot städtischer sozialer Aufstiegschancen eine halbwegs mobile und ansprechbare ländliche Bevölkerung geradezu aus der Traditionsverankerung herausreißt. Für die zurückbleibende ländliche Bevölkerung entsteht dadurch soviel wirtschaftlicher und sozialer Spielraum, daß in der Tat Anklänge an industriestaatliche Differenzierungsgänge wachgerufen werden können. Prinzipiell braucht dieses Phänomen nicht zu verwundern; denn in der Eingangsdiskussion hatten wir u. a. in dem grenzenlosen Bevölkerungswachstum einen Hauptgrund für die Unvergleichbarkeit von sozialökonomischen Differenzierungsabläufen in Industrie- und Entwicklungsländern gesehen. Logischerweise muß umgekehrt die Vergleichbarkeit immer dort gegeben sein, wo ein solches Bevölkerungswachstum nicht vorliegt, sei es wegen einer geringen Geburtenfreudigkeit oder einer höheren Abwanderungsrate. Letzteres ist in diesem Beispiel der Fall.

Jetzt zur zahlenmäßigen Erfassung der sozialökonomischen Gruppen[15]).

Die sozialökonomische Klassifikation der rein landwirtschaftlichen Familien mit einer erwerbstätigen Person läßt sich auf der Grundlage der Tab. 24 vornehmen. Die Rubriken „Eigenverbrauch", „ohne Land" und „mit dorfgebundener Nebenbeschäftigung" entsprechen im Modell den beiden obersten sozialökonomischen Gruppen im Subsistenzdifferenzierungsgang. Die folgenden Angaben „gelegentliche Ernteüberschüsse" usw. sind im Marktorientierungsgang des Modells wiederzufinden. Die Angabe „mit außerlandwirtschaftlichem Nebenerwerb", die in der Rahmentabelle III ihre Entsprechung in der Spalte „Nebenerwerb: . . . " hat, ist erst für die sozialökonomische Klassifikation der Familien mit gemischtem Einkommen von Belang.
Im Bereich der landwirtschaftlich − nicht-landwirtschaftlichen Einkommensgruppe lassen sich folgende sozialökonomische Klassen zahlenmäßig festhalten: Die „Familien mit überwiegend landwirtschaftlichem Einkommen" sind bereits in Tabelle 24, S. 111 bzw. in den Aufstellungen S. 116 aufgeführt worden. Es handelt sich um die landwirtschaftlichen Familien mit nicht-landwirtschaftlichem Nebenerwerb. Dieser Nebenerwerb unterscheidet sich − wie bereits ausführlich dargestellt − von der „dorfgebundenen Nebenbeschäftigung" dadurch, daß er eine echte berufliche und soziale Differenzierungsform beschreibt, während letztere Beschäftigung nur der Subventionierung und Perpetuierung der Selbstversorgerwirtschaft dient. Der nicht-landwirtschaftliche Nebenerwerb ist in der Rahmentabelle III in handwerkliche, Hilfsarbeiter- und Selbständigentätigkeit aufgegliedert. Unter den Eigenlandfamilien gibt es insgesamt 28, unter den ejidalen 14 nicht-landwirtschaftliche Nebenerwerbsfälle.
In der Rahmentabelle sind auch die landwirtschaftlichen Nebenerwerbsfälle verzeichnet. Es sind 75 bei den Eigenland- und 18 bei

---

[15]) Die sozialökonomische Struktur der Familien mit einer erwerbstätigen Person ist zusammenfassend in der Übersichtstabelle 25 auf S. 118 wiedergegeben.

Die quantitative sozialökonomische Klassifikation ergibt im Bereich der Eigenland-Campesinos:

	Campesino	Tagelöhner
Landwirtschaftl. Familien (Subs.) ohne sonstiges Einkommen; bzw. Tagelöhner ohne Land	55 —	— 7
Landwirtschaftl. Familien (Subs.) mit dorfgebundener Nebenbeschäftig.; bzw. Tagelöhner mit landw. Nebenerw.	18 —	— 15
Landwirtschaftl. Familien (Subs.) mit gelegentlichen Ernteüberschüssen	45	+ 7 = 52
Landwirtschaftl. Familien mit regelmäßiger Überschußproduktion	28	+ 5 = 33
Landwirtschaftl. Familien mit gezielter Marktproduktion	49	—
Landwirtschaftl. Familien mit nichtlandwirtschaftl. Nebenerwerb (= Familien mit überwiegend landwirtschaftl. Einkommen)	28	—
	223	34

Für den ejidalen Bereich ergibt die sozialökonomische Klassifikation:

	Campesino	Tagelöhner
Landwirtschaftl. Familien (Subs.) ohne sonstiges Einkommen; bzw. Tagelöhner ohne Land	10 —	— —

Landwirtschaftl. Familien (Subs.) mit dorfgebundener Nebenbeschäftig.; bzw. Tagelöhner mit landw. Nebenerw.	6 —	6
Landwirtschaftl. Familien (Subs.) mit gelegentl. Ernteüberschüssen	13 +	1 = 14
Landwirtschaftl. Familien mit regelmäßiger Überschußproduktion	7	—
Landwirtschaftl. Familien mit gezielter Marktproduktion	4	—
Landwirtschaftl. Familien mit nicht-landwirtschaftl. Nebenerwerb (= Familien mit überwiegend landwirtschaftl. Einkommen)	14	—
	54	7

den Ejidofamilien. Dieses Merkmal erfüllt die Voraussetzung dafür, daß diese Familien in die Gruppe der „Familien mit überwiegend nicht-landwirtschaftlichem Einkommen" eingeordnet werden können. Ihre Zahl reduziert sich noch durch Subtraktion der bereits vergebenen Nebenerwerbsquoten für die Eigenland- und ejidalen Tagelöhnerfamilien (27 bzw. 7), so daß 48 Eigenland- und 11 ejidale „Familien mit überwiegend nicht-landwirtschaftlichem Einkommen" verbleiben. In dieser sozialökonomischen Klasse finden auch die auf S. 112/113 einzeln beschriebenen Ejidofamilien Nr. 4, 5 und 6 ihren Platz, so daß die endgültige Zahl der ejidalen Familien mit überwiegend nicht-landwirtschaftlichem Einkommen 14 lautet. (Die übrigen drei einzeln beschriebenen Ejidofamilien waren — wie erinnerlich — für die „gewerblich-ländliche Oberschicht" reserviert worden).

	Eigenland	Ejido
Familien mit überwiegend landwirtschaftlichem Einkommen	28	14
Familien mit überwiegend nicht-landwirtschaftlichem Einkommen	48	14
Familien mit ausschließlich nicht-landw. Einkommen	225	42
Gewerblich-ländliche Oberschicht	–	3

Tabelle 25: Die sozialökonomische Struktur der Familien mit einer erwerbstätigen Person in San Juan 1974

	Eigenland	Ejido
Landwirtschaftl. Familien (Subs.) ohne sonstiges Einkommen;	55	10
bzw. Tagelöhner ohne Land	7	–
Landwirtschaftl. Familien (Subs.) mit dorfgebundener Nebenbeschäft.	18	6
bzw. Tagelöhner mit landw. Nebenerwerb	15	6
Landwirtschaftl. Familien (Subs.) mit gelegentl. Ernteüberschüssen	52	14
Landwirtschaftliche Familien mit regelmäßiger Überschußproduktion	33	7
Landwirtschaftl. Familien mit gezielter Marktproduktion	49	4
Familien mit überwiegend landwirtschaftlichem Einkommen	28	14
Familien mit überwiegend nicht-landwirtschaftl. Einkommen	48	14
Familien mit ausschließlich nicht-landwirtschaftl. Einkommen	225	42
Gewerblich-ländliche Oberschicht	–	3
	530	120

Als letzte Gruppe verbleiben die Familien mit ausschließlich nicht-landwirtschaftlichem Einkommen zu klassifizieren. Ihre Zahl läßt sich durch Subtraktion der bisher klassifizierten landwirtschaftlichen und gemischten Einkommensgruppen sowie der drei Angehörigen der gewerblich-ländlichen Oberschicht von der Gesamtzahl der Eigenland- (= 530) und der ejidalen (= 120) Familien leicht ermitteln. 225 Eigenland- stehen 42 ejidalen Familien mit nicht-landwirtschaftlichem Einkommen gegenüber.

Damit kann das Ergebnis dieses ersten sozialökonomischen Klassifikationsganges in der Übersicht dargestellt werden (s. Tab. 25).

Die Familien mit zwei erwerbstätigen Personen

Allein im Eigenlandbereich umfaßt die Zahl der Familien mit zwei erwerbstätigen Personen 115 Familien. Bemerkenswert ist, daß in der Berufszugehörigkeit der ersten Person mit Abstand der Campesino überwiegt, während bei der zweiten Person der nichtlandwirtschaftliche Beruf, darunter an erster Stelle der gewerbliche Hilfsarbeiter, steht. Dieses Verhältnis der Berufe zueinander innerhalb des Familienverbandes scheint für die meisten Dörfer mit beginnendem oder fortgeschrittenem sozialökonomischem Differenzierungsprozeß typisch zu sein. Es dürfte auch nicht weiter überraschen, daß sich die Familien mit mehr als einer erwerbstätigen Person einkommensmäßig in der Weise organisieren, daß sich der eine Erwerbstätige stärker auf die Bodenbearbeitung konzentriert, sei es nur zur Familienversorgung oder auch für die Marktproduktion, während der andere einer außerlandwirtschaftlichen Beschäftigung nachgeht, sofern eine zur Verfügung steht. Ein Blick auf die Rahmentabellen I und II der übrigen untersuchten Dörfer zeigt, daß auch bei ihnen die Einkommensverteilung der einzelnen erwerbstätigen Person ähnlich geregelt ist.

In Tabelle 26 sind die beruflichen Kombinationsfälle der Eigenland-Familien mit zwei erwerbstätigen Personen dargestellt. Die Art des Nebenerwerbs, sofern vorhanden, ist mit aufgenommen worden. Es handelt sich dabei um Nebenerwerbsformen, die dem eingangs dieses Kapitels beschriebenen Typ entsprechen. Zu ihnen gehören die Vermietung von Traktoren für die Feldarbeit, die Ausführung von kleinen Transportaufgaben mit einem familieneigenen Klein-Lkw; die Unterhaltung eines kleinen nebenberuflichen Einzelhandels für Erfrischungen, Süßigkeiten und Tortillas u. ä., ferner Nebenverdienste als Maurer und Gelegenheitsarbeiter. Zum landwirtschaftlichen Nebenerwerb rechnet außer der gezielten Naturalerzeugung die bereits erwähnte Holzköhlerei.

Tabelle 26: Die Einkommensstruktur der Eigenland-Familien mit zwei erwerbstätigen Personen in San Juan 1974

Beruf	1. Person		Beruf	2. Person	
Campesino	13	NE Hi.-Arb. 5 NE Selb. 2	Campesino	13	
Campesino	6	NE Selb. 2	Tagelöhner	6	NE Hi.-Arb.
Tagelöhner	–		Tagelöhner	–	
Campesino > 50 % d. Ges. Eink.	9	NE Selb. 3 NE Hi.-Arb. 1	gew. Hi.-Arb. < 50 % d. Ges. Eink.	9	NE lw. 3
Campesino < 50 % d. Ges. Eink.	6	NE Hi.-Arb. 2	gew. Hi.-Arb. > 50 % d. Ges. Eink.	6	
Campesino 50 zu 50 %	5	NE Selb. 1	gew. Hi.-Arb. 50 zu 50 %	5	NE lw. 1
Campesino > 50 % d. Ges. Eink.	1		Ind.-Arb. < 50 % d. Ges. Eink.	1	NE lw. 1
Campesino < 50 % d. Ges. Eink.	6		Ind.-Arb. > 50 % d. Ges. Eink.	6	NE lw. 2
Campesino 50 zu 50 %	2		Ind.-Arb. 50 zu 50 %	2	
Campesino > 50 % d. Ges. Eink.	7		Selbständig < 50 % d. Ges. Eink.	7	
Campesino < 50 % d. Ges. Eink.	11	NE Hi.-Arb. 4	Selbständig > 50 % d. Ges. Eink.	11	

Campesino 50 zu 50 %	6 NE Hi.-Arb. 2	Selbständig 50 zu 50 %	6
Campesino > 50 % d. Ges. Eink.	3	Angestellter < 50 % d. Ges. Eink.	3
Campesino < 50 % d. Ges. Eink.	5 NE Hi.-Arb. 1	Angestellter > 50 % d. Ges. Eink.	5
Campesino > 50 % d. Ges. Eink.	1	Handwerker < 50 % d. Ges. Eink.	1
Campesino < 50 % d. Ges. Eink.	1	Handwerker > 50 % d. Ges. Eink.	1
Tagelöhner < 50 % d. Ges. Eink.	12 NE lw. 3	Ind.-Arb. > 50 % d. Ges. Eink.	12
Tagelöhner < 50 % d. Ges. Eink.	3 NE lw. 2	Selbständig > 50 % d. Ges. Eink.	3
Tagelöhner < 50 % d. Ges. Eink.	1	Handwerker > 50 % d. Ges. Eink.	1
Gew. Hi.-Arb.	5 NE lw. 4	Selbständig	5
Gew. Hi.-Arb.	2 NE lw. 1	Rentner	2
Handwerker	1	Handwerker	1
Handwerker	1	Angestellter	1
Ind.-Arb.	1	Selbständig	1
Ind.-Arb.	3	Rentner	3
Ind.-Arb.	1	Gew. Hi.-Arb.	1
Selbständig	3 NE lw. 1	Selbständig	3
Sa.	115 NE: Hi.-Arb. 15 x landw. 11 x Selbst. 8 x		115 NE: landw. 7 x Hi.-Arb. 1 x

Aus Tab. 26 ergeben sich:
I. 19 Familien mit landwirtschaftlichem Einkommen
   13 Campesino — Campesino — Familien
   (davon 7 mit nicht-landw. Nebenerwerb)
   6 Campesino — Tagelöhner — Familien
   (davon 3 mit nicht-landwirtschaftl. Nebenerwerb)
II. 79 Familien mit landwirtschaftlich — nicht-landwirtschaftlichem Einkommen (mit diversem landwirtschaftlichen und nicht-landwirtschaftlichen Nebenerwerb)
   1. Landwirtschaftl. Einkommen > 50 % des Gesamteinkommens
      9 Campesino — Hilfsarbeiter — Familien
      1 Campesino — Industriearbeiter — Familie
      7 Campesino — Selbständigen — Familien
      3 Campesino — Angestellten — Familien
      1 Campesino — Handwerker — Familie
   2. Landwirtschaftliches und nicht-landwirtschaftliches Einkommen = ausgeglichen
      5 Campesino — Hilfsarbeiter — Familien
      2 Campesino — Industriearbeiter — Familien
      6 Campesino — Selbständigen — Familien
   3. Nicht-landwirtschaftliches Einkommen > 50 % des Gesamteinkommens
      6 Campesino — Hilfsarbeiter — Familien
      6 Campesino — Industriearbeiter — Familien
      11 Campesino — Selbständigen — Familien
      5 Campesino — Angestellten — Familien
      1 Campesino — Handwerker — Familie
      12 Tagelöhner — Industriearbeiter — Familien
      3 Tagelöhner — Selbständigen — Familien
      1 Tagelöhner — Handwerker — Familie
III. 17 Familien mit nicht-landwirtschaftlichem Einkommen (davon 6 Familien mit landwirtschaftlichem Nebenerwerb)
   5 Hilfsarbeiter — Selbständigen — Familien
   2 Hilfsarbeiter — Rentner — Familien
   1 Handwerker — Handwerker — Familie
   1 Handwerker — Angestellten — Familie
   1 Industriearbeiter — Selbständigen — Familie

3 Industriearbeiter — Rentner — Familien
1 Industriearbeiter — Hilfsarbeiter — Familie
3 Selbständigen — Selbständigen — Familien

Damit kann die Zuweisung zu den einzelnen sozialökonomischen Klassen vorgenommen werden. Was die 19 landwirtschaftlichen Familien der Gruppe I anbelangt, so haben alle das unterste Produktionsziel „Subsistenzwirtschaft" überwunden. Sie entfallen mit Ausnahme der 10 Nebenerwerbsfälle (Hilfsarbeiter: 6 und Selbständige: 4) auf die obere Gruppe des Marktorientierungsganges „Landwirtschaftliche Familien mit regelmäßiger Überschußproduktion". Eine genauere Sichtung des Nebenerwerbs ergibt, daß drei der Familien (mit Selbständigen-Nebenerwerb) einen Einzelhandelsladen unterhalten, in dem sie auch ihre landwirtschaftlichen Produkte anbieten. Damit sind die Bedingungen der sozialökonomischen Klasse „Landwirtschaftliche Familien mit gezielter Marktproduktion und arbeitsteiliger Vermarktungsorganisation" erfüllt. Die restlichen Nebenerwerbsfamilien sind wegen des nicht-landwirtschaftlichen Charakters des Nebenerwerbs (gewerbliche bzw. gelegentliche Hilfsarbeit, Traktorvermietung) im gemischten Differenzierungsgang bei den Familien mit überwiegend landwirtschaftlichem Einkommen einzuordnen.

Die Familien der Gruppe II sind auf Seite 122 bereits nach den Prozentanteilen der Zusammensetzung ihres Einkommens aus landwirtschaftlicher und nicht-landwirtschaftlicher Arbeit geordnet: Ein überwiegend landwirtschaftliches Einkommen weisen 21 Familien auf, über ein ausgeglichenes landwirtschaftlich — nicht-landwirtschaftliches Einkommen verfügen 13 Familien; bei 45 Familien überwiegt das nicht-landwirtschaftliche Einkommen. Mit diesen Angaben kann die Zuweisung zu den entsprechenden sozialökonomischen Klassen im gemischten Einkommensdifferenzierungsgang vorgenommen werden.

Hinsichtlich der sozialökonomischen Klassifizierung der in der Gruppe III zusammengefaßten Familien ist folgende Anmerkung erforderlich. 6 dieser Familien betreiben einen landwirtschaftlichen Nebenerwerb, so daß sie im streng-klassifikatorischen Sinne nicht den „Familien mit ausschließlich nicht-landwirtschaftlichem

Einkommen" zuzuordnen sind – wie die übrigen 11 –, sondern den „Familien mit überwiegend nicht-landwirtschaftlichem Einkommen".

Abschließend seien die Ergebnisse dieser Klassifikation tabellarisch zusammengestellt:

Tabelle 27: Die sozialökonomische Struktur der Eigenland-Familien mit zwei erwerbstätigen Personen in San Juan 1974

Eigenland-Familien mit zwei erwerbstätigen Personen:		115
Landwirtschaftliche Familien mit regelmäßiger Überschußproduktion		9
Landwirtschaftliche Familien mit gezielter Marktproduktion und arbeitsteiliger Vermarktungsorganisation		3
Familien mit überwiegend landwirtschaftlichem Einkommen	7 + 21	28
Familien mit ausgeglichenem landwirtschaftlichem und nicht-landwirtschaftlichem Einkommen		13
Familien mit überwiegend nicht-landwirtschaftlichem Einkommen	45 + 6	51
Familien mit ausschließlich nicht-landwirtschaftlichem Einkommen		11

Die Ejidofamilien mit zwei erwerbstätigen Personen

Die Einkommensstruktur der Ejidofamilien mit zwei erwerbstätigen Personen ist in Tabelle 28 wiedergegeben.

Bemerkenswerterweise enthält diese Tabelle keine einzige rein landwirtschaftliche Familie. Zu den 20 Familien mit landwirtschaftlich – nicht-landwirtschaftlichem Einkommen gehören:

5 Campesino – Hilfsarbeiter – Familien (davon zwei mit überwiegend landwirtschaftlichem und drei mit ausgeglichenem Einkommen)
1 Campesino – Hilfsarbeiter – Familie
1 Campesino – Handwerker – Familie
3 Campesino – Angestellten – Familien
1 Angestellten – Campesino – Familie
1 Selbständigen – Campesino – Familie
1 Industriearbeiter – Hilfsarbeiter – Familie mit landwirtschaftlichem Nebenerwerb
7 Selbständigen – Hilfsarbeiter – Familien mit landwirtschaftlichem Nebenerwerb

Tabelle 28: Die Einkommensstruktur der Ejidofamilien mit zwei erwerbstätigen Personen in San Juan 1974

Beruf	1. Person	Beruf	2. Person
Campesino > 50 % d. Ges. Eink.	2	gew. Hi.-Arb. < 50 % d. Ges. Eink.	2
Campesino 50 zu 50 %	3	Gew. Hi.-Arb. 50 zu 50 %	3
Campesino < 50 % d. Ges. Eink.	1	Ind.-Arb. > 50 % d. Ges. Eink.	1
Campesino 50 zu 50 %	1	Handwerker 50 zu 50 %	1
Campesino > 50 % d. Ges. Eink.	3	Angestellter < 50 % d. Ges. Eink.	3
Angestellter > 50 % d. Ges. Eink.	1	Campesino < 50 % d. Ges. Eink.	1
Selbständig > 50 % d. Ges. Eink.	1	Campesino < 50 % d. Ges. Eink.	1
Ind.-Arb. > 50 % d. Ges. Eink.	1 (NE lw.)	Gew. Hi.-Arb. < 50 % d. Ges. Eink.	1
Selbständig > 50 % d. Ges. Eink.	8 (NE lw.)	Gew. Hi.-Arb. < 50 % d. Ges. Eink.	8
	21		21

Eine von den acht Selbständigen — Hilfsarbeiter — Familien (ohne landwirtschaftlichen Nebenerwerb) ist ausschließlich nichtlandwirtschaftlich orientiert.

Offenkundig bestätigen diese Daten zur Berufsstruktur der Ejidofamilien mit zwei erwerbstätigen Personen die Befunde, die sich bereits bei den Ejidofamilien mit einer erwerbstätigen Person registrieren ließen. Bei den Ejidatarios in San Juan ist die Abkehr von der Bodenbearbeitung als Haupterwerbsfaktor weit fortgeschritten. Die Tatsache, daß den Ejidatarios das Land nicht zueigen ist, dürfte als das Hauptmotiv für die Abwanderung gerade dieser Gruppe in außerlandwirtschaftliche Berufe, von denen im engeren Einzugsbereich der Stadt Puebla ja ein relativ günstiges Angebot besteht, gesehen werden. Aber auch im Ort selbst haben es die Ejidatarios verstanden, ihre Position kräftig auszubauen. Die Zugehörigkeit zum Traktorensyndikat gehört auch bei Ejidatariofamilien mit zwei erwerbstätigen Personen zu den bevorzugten Formen des wirtschaftlichen und sozialen Aufstiegs in nicht-landwirtschaftliche Erwerbsverhältnisse. Daß dieser Aufstieg nicht selten zu Lasten von Gruppen geht, die mit einem relativ geringen persönlichen und sozialen Aktionsradius ausgestattet sind, wie z. B. die Tagelöhner, konnte bereits dargestellt werden. — Bei den vier der sieben Selbständigen — Hilfsarbeiter — Familien mit landwirtschaftlichem Nebenerwerb handelt es sich um Ejidatarios, die hauptberuflich ihren Traktor für Feldarbeiten vermieten, womit sie bis zu 2000.— Peso in der Woche verdienen. Zur Bearbeitung ihrer Ejidoparzellen beschäftigen sie je nach Größe des Landes und Intensität der Nutzung bis zu 4 Landarbeiter im Tagelohn. Eine weitere Arbeitskraft, die von einem Familienangehörigen gestellt wird, beschäftigen sie zur Unterstützung im Traktorendienst und zur Unterhaltung eines Einzelhandelsgeschäftes, in dem u. a. auch ihre landwirtschaftliche Produktion verkauft wird. Für diese Tätigkeit steht in der Regel die Ehefrau zur Verfügung. Da ihre Arbeit — wie unsere Befragungen ergaben — vom Betriebsinhaber mit einem fortlaufenden Wochenlohn honoriert wird, müssen sie als vollwertige zweite Erwerbsperson innerhalb des Familienverbandes angesehen werden. (Im Gegensatz dazu wurden die Familienangehörigen, die nur aushilfsweise oder mithelfend am Einkommenserwerb beteiligt sind, nicht als gesonderte Erwerbspersonen geführt; so geschehen beispielsweise bei den Ejidofamilien mit einer erwerbstätigen Person).

Bei den übrigen drei Selbständigen — Hilfsarbeiter — Familien besteht das selbständige Einkommen aus einem Bauunternehmen (in 2 Fällen) bzw. einer Großschlachterei mit angeschlossenem Einzelhandel. Der landwirtschaftliche Nebenerwerb dient der Familienversorgung.

Die letzte Selbständigen — Hilfsarbeiter — Familie ist ausschließlich nicht-landwirtschaftlich orientiert, obwohl sie eine Ejidoparzelle von 4 ha Größe besitzt. Es konnte nicht ermittelt werden, von wem und zu welchen Bedingungen, möglicherweise zur Pacht, das Land bewirtschaftet wird. Das Haupteinkommen der Familie besteht aus der selbständigen Händlertätigkeit des Familienvorstandes mit durchschnittlich 400.— Peso pro Woche.

Für die sozialökonomische Klassifizierung dieser Ejidofamilien kommen im wesentlichen die Gruppen des gemischten Einkommensdifferenzierungsganges in Betracht. Lt. Tabelle 28 haben 5 der 20 landwirtschaftlich — nicht-landwirtschaftlichen Familien ein überwiegend landwirtschaftliches Einkommen. Bei vier Familien ist das Einkommen mit einer Zusammensetzung von 50 zu 50 % ausgeglichen. Ein überwiegend nicht-landwirtschaftliches Einkommen haben 11 Familien. Unter ihnen dürften zumindest

Tabelle 29: Die sozialökonomische Struktur der Ejidofamilien mit zwei erwerbstätigen Personen in San Juan 1974

Ejidofamilien mit zwei erwerbstätigen Personen	21
Familien mit überwiegend landwirtsch. Einkommen	5
Familien mit ausgeglichenem landwirtschaftlichem und nicht-landwirtschaftlichem Einkommen	4
Familien mit überwiegend nicht-landw. Einkommen	7
Familien mit ausschließlich nicht-landw. Einkommen	1
Gewerblich-ländliche Oberschicht	4

die vier Traktorenejidatarios mit Tagelöhnerbeschäftigung eine Sonderrolle spielen, die es rechtfertigt, sie auch der gewerblich-ländlichen Oberschicht zuzuordnen. Eine Familie ist der Gruppe „Familien mit ausschließlich nicht-landwirtschaftlichem Einkommen" zuzuordnen.

In der Übersicht zeigt Tab. 29 die Ergebnisse dieser Klassifikation.

Die Familien mit drei erwerbstätigen Personen

Die Zahl dieser Familien umfaßt 21 Eigenland- und 5 Ejidofamilien, das sind etwa ein Fünftel der Familien mit zwei erwerbstätigen Personen. Die berufliche Organisation dieser Familien ist ähnlich wie bei den zuvor beschriebenen Familien; die nicht-landwirtschaftliche Differenzierung findet beinahe ausschließlich bei der zweiten und dritten erwerbstätigen Person statt.

In Tabelle 30 sind die beruflichen Kombinationsfälle der Familien mit drei erwerbstätigen Personen, zunächst die des Eigenlandbereiches, dann die ejidalen, wiedergegeben. Es sei noch darauf hingewiesen, daß in dieser Familienklasse kaum nebenberufliche Erwerbsformen mehr beobachtet und aufgenommen werden konnten. An dieser Tabelle dürfte besonders auffallen, daß jede Familie über mindestens eine landwirtschaftliche Erwerbsperson verfügt. Die landwirtschaftliche Produktion ist auf keine höheren Ziele ausgerichtet als auf die Familienversorgung mit gelegentlichen Ernteüberschüssen. Darin unterscheiden sich diese Familien prinzipiell von denen mit einer und zwei erwerbstätigen Personen, bei denen gerade die Überschuß- und Marktproduktion im Vordergrund steht. Der Grund für dieses unterschiedliche Wirtschaftsverhalten dürfte darin zu vermuten sein, daß bei den Familien mit zwei erwerbstätigen Personen das landwirtschaftliche und das nicht-landwirtschaftliche Einkommen als konkurrierende, voll gleichberechtigte Erwerbsformen angesehen werden, wofür auch die überaus starke Verbreitung von landwirtschaftlichen und nicht-landwirtschaftlichen Nebenerwerbsformen spricht. Bei den Fami-

Tabelle 30: Die Einkommensstruktur der Eigenland- und Ejidofamilien mit drei erwerbstätigen Personen in San Juan 1974

Im Eigenlandbereich

	Beruf 1. Person	Beruf 2. Person	Beruf 3. Person
1.	Campesino	Campesino	Campesino
2.	Campesino	Campesino	Campesino
3.	Campesino	Campesino	gew. Hilfsarbeiter < 50 % d. Ges. Eink.
4.	gew. Hilfsarbeiter < 50 % d. Ges. Eink.	Campesino	Campesino
5.	Campesino	Tagelöhner	gew. Hilfsarbeiter < 50 % d. Ges. Eink.
6.	Campesino	Tagelöhner	gew. Hilfsarbeiter < 50 % d. Ges. Eink.
7.	Campesino (< 50 %)	gew. Hilfsarbeiter	gew. Hilfsarbeiter
8.	Campesino (< 50 %)	Ind.-Arbeiter	gew. Hilfsarbeiter
9.	Campesino (< 50 %)	Handwerker	gew. Hilfsarbeiter
10.	Campesino (< 50 %)	Handwerker	gew. Hilfsarbeiter
11.	Campesino (< 50 %)	Handwerker	gew. Hilfsarbeiter
12.	Campesino (< 50 %)	Handwerker	gew. Hilfsarbeiter
13.	Campesino (< 50 %)	Handwerker	gew. Hilfsarbeiter
14.	Campesino (< 50 %)	Ind.-Arbeiter	Ind.-Arbeiter
15.	Campesino (< 50 %)	Ind.-Arbeiter	Ind.-Arbeiter
16.	Campesino (< 50 %)	Ind.-Arbeiter	Ind.-Arbeiter
17.	Campesino (< 50 %)	Angestellter	Ind.-Arbeiter
18.	Campesino (< 50 %)	Angestellter	Angestellter
19.	Campesino (< 50 %)	Angestellter	Angestellter
20.	Ind.-Arbeiter	Campesino < 50 % d. Ges. Eink.	gew. Hilfsarbeiter
21.	Selbständig	Campesino < 50 % d. Ges. Eink.	gew. Hilfsarbeiter

Im Ejidobereich

22.	Campesino	Campesino	Campesino
23.	Campesino	Tagelöhner	Tagelöhner
24.	Campesino	Campesino	gew. Hilfsarbeiter < 50 % d. Ges. Eink.
25.	Selbständig 50 zu 50	Campesino	Campesino
26.	Campesino < 50 % d. Ges. Eink.	Selbständig	gew. Hilfsarbeiter

lien mit drei erwerbstätigen Personen dagegen hat das landwirtschaftliche Einkommen überwiegend die Funktion der Familienversorgung mit Nahrungsmitteln. Seine Rolle ist weniger konkurrierend, verglichen mit anderen Erwerbsformen, sondern integrierend im Sinne einer vernünftigen familiären Arbeitsteilung. In Anbetracht der relativ größeren Zahl von Nahrungsmittelkonsumenten erscheint eine solche einkommensmäßige Familienorganisation einleuchtend.

Auch die Ejidofamilien sind im wesentlichen auf die Bodenbearbeitung fixiert. Die Familie Nr. 25 macht mit der ersten Erwerbsperson insofern eine Ausnahme, als der Ejidatario das Land informell bereits an einen seiner Söhne übertragen hat, während er selbst eine Pulque-Kantine im Dorf betreibt. Angesichts der unter den Einwohnern von San Juan stark verbreiteten Trunksucht bringt ihm diese Beschäftigung ein durchschnittliches Wocheneinkommen von nicht weniger als 800.— Peso ein. Das ist genausoviel,

Tabelle 31: Die sozialökonomische Struktur der Familien mit drei erwerbstätigen Personen in San Juan 1974

	Eigenlandfamilien	Ejidofamilien
Familien mit drei erwerbstätigen Personen	21	5
Landwirtschaftl. Familien mit regelmäßiger Überschußproduktion (Fam.: 2, 23)	1	1
Landwirtschaftl. Familien mit gezielter Marktproduktion (Fam.: 1, 22)	1	1
Landwirtschaftl. Familien mit gezielter Marktproduktion und arbeitsteiliger Vermarktungsorganisation (Fam.: 25)		1
Familien mit überwiegend landwirtschaftl. Einkommen (Fam.: 3, 4, 5, 6, 24)	4	1
Familien mit überwiegend nicht-landwirtschaftlichem Einkommen (Fam. 7, 8, 9, 10, 11, 12, 13, 14, 15, 16, 17, 18, 19, 20, 21, 26)	15	1

wie seine beiden Söhne aus der Bodenbearbeitung seines 10 ha großen Landbesitzes erwirtschaften. Der Reingewinn liegt deshalb so hoch, weil die Söhne u. a. eine Maguey-Agavenpflanzung unterhalten, die den Most für den Pulque-Wein liefert. Diese Familie dürfte die Bedingungen zur sozialökonomischen Klassifikation als „landwirtschaftliche Familien mit gezielter Marktproduktion und arbeitsteiliger Vermarktungsorganisation" erfüllen. Damit ist auch in dieser Gruppe der Ejidofamilien (mit drei erwerbstätigen Personen) die an anderer Stelle bereits ausführlich beschriebene Tendenz der Ejidatarios wiederzuerkennen, den rein landwirtschaftlichen Erwerbsverhältnissen verstärkt den Rücken zu kehren. — Unter dem „Selbständigen" in Familie 26 verbirgt sich ein ortsansässiger Einzelhändler = die Ehefrau eines Ejidatario, die zusammen mit ihrem im Laden angestellten Sohn ein Kramwarengeschäft betreibt.

Die rein landwirtschaftlichen Familien, sowohl im Eigenland als auch im ejidalen Bereich, mit Betriebsgrößen zwischen 6 und 10 ha sind auf die Überschuß- und Marktproduktion ausgerichtet.

Auf der Basis dieser Beobachtungen und der Tabelle 30 kann die sozialökonomische Klassifikation der Familien mit drei erwerbstätigen Personen vorgenommen werden (s. Tab. 31).

Die Familien mit vier erwerbstätigen Personen

Zu dieser Gruppe gehören nur fünf Eigenland-Familien.

Tabelle 32: Die Einkommenstruktur der Eigenlandfamilien mit vier erwerbstätigen Personen in San Juan 1974

Beruf 1. Person	Beruf 2. Person	Beruf 3. Person	Beruf 4. Person
1. Campesino Lw. < 50 % des Ges. Eink.	Campesino	gew. Hilfsarb.	gew. Hilfsarb.
2. Campesino Lw. < 50 % des Ges. Eink.	Campesino	gew. Hilfsarb.	gew. Hilfsarb.
3. Campesino < 50 %	gew. Hilfsarb.	gew. Hilfsarb.	gew. Hilfsarb.
4. Campesino < 50 %	gew. Hilfsarb.	gew. Hilfsarb.	gew. Hilfsarb.
5. Campesino < 50 %	Ind.-Arbeiter	Ind.-Arbeiter	gew. Hilfsarb.

Die Einkommensstruktur dieser Familien ähnelt der der Familien mit drei erwerbstätigen Personen. Die landwirtschaftliche Produktion ist begrenzt auf die Familienversorgung. Das trifft auch auf die Familien 1 und 2 zu, wo zwei Personen in der Bodenbearbeitung tätig sind (mit Betriebsgrößen von vier bzw. drei ha). Die landwirtschaftlichen Einkommensanteile liegen in allen Familien unter 50 % des Gesamteinkommens.

Die fünf Familien erwecken nicht den Eindruck, daß sie aufgrund ihrer hohen Erwerbstätigenquote zu besonderem wirtschaftlichem Wohlstand gelangt seien. Die nicht-landwirtschaftlichen Tätigkeiten, denen die meisten Familienangehörigen nachgehen, haben bis auf die Industriearbeiter in Familie 5 eher den Charakter unqualifizierter Hilfsarbeiterbeschäftigungen. Wahrscheinlich sind die relativ geringen Betriebsgrößen der fünf Familien die Ursache dafür, daß ihre berufliche Differenzierung sich auf die reine Existenzsicherung beschränkt und nicht zugleich auch zu einem sozialen Aufstieg geführt hat.

Die sozialökonomische Klassifikation dieser Familien führt zu folgendem Ergebnis:

Tabelle 33: Die sozialökonomische Struktur der Familien mit vier erwerbstätigen Personen in San Juan 1974

Familien mit vier erwerbstätigen Personen	5
Landwirtschaftl. Familien (Subs.) mit gelegentlichen Ernteüberschüssen (Fam.: 1,2)	2
Familien mit überwiegend nicht-landwirtschaftlichem Einkommen (Fam.: 3, 4, 5)	3

Das quantifizierte sozialökonomische Klassifikationsmodell und die sozialökonomische Struktur von San Juan
— Vergleichende Interpretation der Ergebnisse —

Nach Xalcaltzingo und Atlamaxac ist San Juan das dritte Beispiel für eine quantitativ durchgeführte sozialökonomische Klassifikation. Lag es bei Atlamaxac bereits nahe, einen vergleichenden

Blick auf die Ergebnisse der Klassifikation von Xalcaltzingo zu werfen, so drängt es sich auf, von diesem methodischen Prinzip bei der Interpretation der Ergebnisse dieses letzten Klassifikationsbeispiels noch stärker Gebrauch zu machen. Das geschieht zugleich in der Absicht, mehr noch als das bei den vorausgehenden Einzeluntersuchungen möglich war, die Aufmerksamkeit auf einige grundsätzliche Aspekte des sozialökonomischen Differenzierungsablaufes im mexikanischen ländlichen Raum zu lenken.

In der Zusammenschau ist die quantifizierte sozialökonomische Struktur von San Juan in Tabelle 34 dargestellt. Die Ergebnisse für den Eigenland- und Ejidobereich sind sowohl gesondert als auch zusammengefaßt aufgeführt. Auf den ersten Blick gewinnt man aus der zahlenmäßigen Konstellation der einzelnen sozialökonomischen Klassen den Eindruck, daß es sich um ein außergewöhnlich harmonisch strukturiertes und im beruflichen Entmischungsprozeß weit fortgeschrittenes Dorf handelt. Aufgrund dieses auch in den sozialökonomischen Einzelklassifikationen untermauerten Befundes müßte San Juan das Muster für einen von hoher sozialer Mobilität geprägten Dorftyp abgeben. Genau das ist aber, wenn man sich an die eingangs dieser Dorfuntersuchung dargelegten sozialpsychologischen Strukturzüge San Juans erinnert, nicht der Fall. Alle Anzeichen sprachen dort dafür (hohe Abwanderungsrate, geringer Alphabetisierungsgrad, Neigung zum Alkoholismus, soziale Isolationserscheinungen, z. T. unbegründeter Aggressionsdrang), daß das Dorf den Charakter eines sozialen Reliktgebietes hat und seine Bevölkerung den negativ selektierten, immobilen Rest einer durch Abwanderung gerade des mobilen, adaptionsfreudigen Einwohnerteiles dezimierten Dorfbevölkerung darstellt. Für unsere Untersuchung scheint damit die Grenze der repräsentativen Aussagekraft eines sozialökonomischen Klassifikationsmodells erreicht zu sein, wenn es zugleich auch die soziographischen und sozialpsychologischen Aspekte der wirtschafts- und sozialgeographischen Gesamterscheinung einer ländlichen Gemeinde abdecken soll.

Was die rein sozialökonomische Aussage des Strukturmodells anbelangt, so drängt sich vor allem ein Vergleich mit den Ergebnissen des Dorftests Xalcaltzingo auf: 1. Beide Dörfer verfügen

Tabelle 34: Die sozialökonomische Struktur von San Juan, 1974[16])

Undifferenzierte, isolierte Subsistenzwirtschaftsgesellschaft

„Subsistenzdifferenzierungsgang"		„Marktorientierungsgang"		„Gemischter Einkommensdifferenzierungsgang"	
Landw. Familien (Subs.) ohne sonstig. Einkommen; bzw. Tagelöhner ohne Land	Eig. 55, Ej. 10 }65 Eig. —, Ej. 7 }7	Landw. Familien (Subs.) mit gelegentlichen Ernteüberschüssen	Eig. 54, Ej. 14 }68	Familien mit überwieg. landw. Einkommen: landw. Eink. >50% des Gesamteinkommens	Eig. 60, Ej. 20 }80
Landw. Familien (Subs.) mit dorfgebundener Nebenbeschäftigung; bzw. Tagelöhner mit landw. Nebenerwerb	Eig. 18, Ej. 6 }24 Eig. 15, Ej. 6 }21	Landw. Familien mit regelmäßiger Überschußproduktion	Eig. 43, Ej. 8 }51	Familien mit ausgeglichenem landwirtschaftl. u. nicht-landw. Eink.	Eig. 13, Ej. 4 }17
Landw. Familien (Subs.) mit Familienangehörigen in dorfgebundener außerlandw. Vollbeschäftigung	—	Landw. Familien mit gezielter Marktproduktion	Eig. 50, Ej. 5 }55	Familien mit überwieg. nicht-landw. Eink.: nicht-landw. Eink. >50% des Gesamteinkommens	Eig. 117, Ej. 22 }139
Landw. Familien (Subs.) mit Fam.-Ang. in nicht dorfgebundener außerlandw. Vollbeschäftigung	—	Landw. Familien mit gezielter Marktproduktion und arbeitsteiliger Vermarktungsorganisation	Eig. 3, Ej. 1 }4	Familien mit ausschl. nicht-landwirtschaftl. Einkommen	Eig. 236, Ej. 43 }279
Subventionierte Subsistenzfamilien	—	Marktorientierte landwirtsch. Familien mit Verselbständig. im Handel	—	Gewerblich-ländliche Oberschicht	Eig. —, Ej. 7 }7

Differenzierte, integrierte, urbane (Industrie-) Gesellschaft

[16]) Eig. = Familien mit Eigenland
Ej. = Ejidofamilien

über einen unter 50 % liegenden Anteil rein landwirtschaftlicher Bevölkerung. 2. Bei beiden Dörfern liegt der Schwerpunkt des sozialökonomischen Differenzierungsprozesses in den Klassen des „gemischten Einkommensdifferenzierungsganges", unter denen die „Familien mit ausschließlich nicht-landwirtschaftlichem Einkommen" besonders stark durchschlagen.

Diese wenigen Beobachtungen zum Grundsätzlichen bestätigen die bereits an früherer Stelle geäußerten Annahmen zu den sozialökonomischen Entwicklungstendenzen. Dabei dürfte die Erkenntnis, welches Ausmaß in manchen Dörfern der Wandlungsprozeß einer ehemals rein agrarisch ausgerichteten Gesellschaft erreicht hat, am stärksten in Erstaunen versetzen. War das Modell zunächst in der Annahme, der sekundäre und tertiäre Wirtschaftssektor seien weitgehend der mexikanischen Stadt vorbehalten, auf eine verfeinerte Erfassung der rein agrarischen sozialökonomischen Differenzierungsstufen angelegt, so erwies sich bald der „gemischte Einkommensdifferenzierungsgang" als der am stärksten frequentierte Teil des Modells. Es muß hier erneut die Frage aufgeworfen werden, ob dieser Differenzierungsgang angesichts der sicher fortschreitenden Differenzierungsdynamik im ländlichen Raum nicht ebenfalls verfeinert werden muß, um den komplexer werdenden ländlich-gewerblichen Strukturen gerecht zu werden. Das könnte beispielsweise durch eine weitere Untergliederung des „gemischten Einkommensdifferenzierungsganges" geschehen. Im „Subsistenzdifferenzierungsgang" reichen die dargebotenen Differenzierungsformen vollkommen aus. Im ganzen bedarf das Klassifikationssystem nicht eines Neuansatzes.

Was die quantitative Beanspruchung des „gemischten Einkommensdifferenzierungsganges" in San Juan und Xalcaltzingo anbelangt, so dürfte die starke Besetzung der „Familien mit ausschließlich nicht-landwirtschaftlichem Einkommen" in beiden Dörfern überraschen. In der traditionellen mexikanischen Stadt-Land-Soziologie hätte man diese Bevölkerungsgruppe zum absolut „abwanderungsreifen" Bewohnerteil des Dorfes erklärt. Er ist zweifellos auch der mobilste, sowohl räumlich als auch sozial verstanden, und oftmals gehen seine Angehörigen zumindest als Pendler ihrer Arbeit in der Stadt nach. Aber dank des gewachsenen gewerblichen Arbeitsplatzangebotes im ländlichen Raum bedeutet die Abwanderung in die Stadt nicht mehr die unausweichliche Konsequenz für den Landbewohner, für den die agrarische Lebensbasis zu klein geworden ist.

Die Ursachen für die relativ günstige Arbeitsmarktentwicklung in den beiden speziell verglichenen Dörfern wie auch in anderen Teilen des Untersuchungsgebietes sind unterschiedlich. San Juan ist in dieser Hinsicht durch seine unmittelbare Nachbarschaft zur gewerbestarken Landeshauptstadt Puebla sicher am besten gestellt. Man kann sich nur wundern, daß der Anteil seiner landwirtschaftlichen Bevölkerung nicht beträchtlich unter dem Xalcaltzingos liegt, dessen ökonomische Ausgangssituation einem solchen Vergleich kaum standhält. Aber wie sich in den vorausgehenden Ausführungen darstellen ließ, hat sich die absolut großstädtische Randlage San Juans durchaus nicht nur zum Segen seiner sozialen Entwicklung ausgewirkt. Man denke beispielsweise an den Saugrohreffekt der übermächtigen Metropole, durch den die meisten halbwegs mobilen ländlichen Familien aus ihrer traditionellen dörflichen Verankerung geradezu herausgerissen und auf diese Weise als bodenständiges, den sozialökonomischen Wandlungsprozeß in gemäßigte Bahnen lenkendes Element verlorengegangen sein dürften. Der sozialökonomische Differenzierungsgrad in Xalcaltzingo ist demgegenüber auf einen kontinuierlichen, evolutionären Entmischungsprozeß zurückzuführen, bei dem das städtische Vorbild und die ländliche Rezeption in einem ausgewogenen Verhältnis stehen.

Der mäßigende Einfluß der zu größerer sozialer Konstanz neigenden Dorfbevölkerung hat dabei die schlimmsten sozialen Fehlentwicklungen vermeiden helfen. Daß diese Entwicklung nicht determinativ durch die Umweltfaktoren oder andere durchschlagende Invariablen festgelegt sein konnte, zeigte der Vergleich mit dem unmittelbar benachbarten Atlamaxac, dessen Umweltbedingungen und topographische Lage durchaus mit denen Xalcaltzingos vergleichbar sind. Diese Überlegungen führen jedoch schon auf die Frage der unterschiedlichen Wirksamkeit von räumlichen und kommunikativen Distanzen, welche im Abschnitt über die sozialräumliche Gliederung stärker vertieft werden soll.

Was die Aussagen des quantifizierten Modells zur sozialökonomischen Entwicklung im Ejidowesen anbelangt, so war es gerade am Beispiel San Juans reizvoll, hier sowohl einen Eigenland- als auch einen Ejido-Ortsteil vorzufinden. Daß sich auch bei diesem Dorftest eine, wenn auch begrenzte, ejidale Gruppe ausgliedern ließ, die der „gewerblich-ländlichen Oberschicht" zuzuordnen ist, beweist, daß die bereits am Beispiel von Benito Juárez beobachteten ejidalen Entwicklungstendenzen von allgemeinerer Natur sind. Dieser Prozeß ist mit „Entagrarisierung" oder auch „Kommerzialisierung" des Ejidowesens nur unzureichend umschrieben. Zu seinen Erscheinungsformen sind die Neigung zu innerem Kolonialismus, zu Ausbeutung, zumindest aber ungenierter Ausnutzung abhängiger Arbeitskräfte und die Bildung neuer „subproletarischer" Klassen zu rechnen. Für mögliche Modifikationen des Modells ergeben sich aus diesem Phänomen keine weiteren Anhaltspunkte.

Im Vergleich mit den zuvor beschriebenen vier sozialökonomischen Dorfuntersuchungen lassen sich in den Klassifikationsergebnissen von San Juan folgende übergeordnete Entwicklungsprinzipien erkennen:

1. Entsprechend der großstadtnahen Lage San Juans hat die Verflochtenheit der Bevölkerung mit der Naturalerzeugung den relativ geringsten Prozentsatz unter den hier verglichenen Dörfern erreicht. Von den Familien mit einer erwerbstätigen Person sind beispielsweise weniger als 50 % in der Landwirtschaft tätig. Die am stärksten frequentierten nicht-landwirtschaftlichen Berufe sind Industriearbeiter, gewerbliche Hilfsarbeiter und Selbständige (u. a. Händler und gelernte Handwerker).

2. Infolge des relativ großen gewerblichen Arbeitsplatzangebots und einer hohen Abwanderungsrate der Bevölkerung ist der Boden als ehemals primärer Produktionsfaktor keine Mangelware mehr in San Juan. Das findet seinen Niederschlag in einer günstigen Betriebsgrößenklassenstruktur und in einer stärkeren Repräsentanz der sozialökonomischen Klassen, die nicht nur landwirtschaftliche Subsistenzwirtschaft betreiben, sondern auf Überschuß- und Marktproduktion ausgerichtet sind. Nur ein Fünftel der im Tagelohn tätigen Landarbeiter verfügt über keinen Landbesitz; dieses

Verhältnis ist in den übrigen Untersuchungsgemeinden gerade umgekehrt.

3. Im Gegensatz zu den zuvor untersuchten vier mexikanischen Dörfern hat die Entwicklung in San Juan zur Ausbildung echter (im industriestaatlichen Sinne) landwirtschaftlicher bzw. nichtlandwirtschaftlicher Nebenerwerbsformen geführt. Dieser Prozeß wurde offensichtlich begünstigt durch den abnehmenden Bevölkerungsdruck auf die landwirtschaftliche Nutzfläche, so daß die Ausübung eines gewerblichen Berufes und die nebenerwerbliche Bearbeitung eines Stückes Land (und umgekehrt) von einer einzigen Person wahrgenommen werden konnten. Diese an industriestaatliche Differenzierungsgänge erinnernde Erscheinung steht nicht im Widerspruch zu den sonst an sich auszuschließenden industriestaatlichen Formen des Nebenerwerbs in Mexiko. Denn in bestimmten stadtnahen Dörfern, wo die ländliche Bevölkerung durch ein außergewöhnliches berufliches Chancenangebot geradezu überschwemmt wird, können sich Parallelen zu den in Industrieländern herrschenden sozialökonomischen Bedingungen ergeben. Das hat zur Folge, daß die Struktur der zurückbleibenden Einwohnerschaft, was ihre Wachstumsdynamik anbelangt, der in Industrieländern ähnlich wird. Diesem mehr zufälligen Phänomen in einzelnen Gebieten Mexikos kann natürlich nicht dieselbe sozialökonomische Indexfunktion zuerkannt werden wie im industriestaatlichen Bereich. In San Juan ist der Nebenerwerb auch nur auf einen Teil der Bevölkerung, nämlich auf die Familie mit einer und zwei erwerbstätigen Personen, beschränkt. Bei den Familien mit höheren Erwerbstätigenquoten tritt wieder das vollerwerbliche familiäre Arbeitsteilungsprinzip in den Vordergrund, welches sich bisher als Regelfall im ländlichen Bereich hatte beobachten lassen. Damit ist eigentlich der Ausnahmecharakter dieser Erscheinung in San Juan bestätigt (ausführlicher dazu S. 128).

4. Ejido- und Eigenlandfamilien lassen, obwohl im Dorfverband miteinander lebend, ein unterschiedliches sozialökonomisches Verhalten erkennen. Unter den Ejidatarios ist der „Entagrarisierungsprozeß" am weitesten fortgeschritten, obwohl nach der Grundidee des Ejidowesens die Bodenbearbeitung der eigentliche berufliche Auftrag des Ejidatario ist. In der sozialökonomischen Klasse

der gewerblich-ländlichen Oberschicht sind *nur Ejidatarios*, und zwar mit 7 Familien vertreten. Sie verpachten ihren z. T. ansehnlichen Ejidobesitz oder lassen ihn durch Tagelöhner bewirtschaften. Selbst gehen sie einträglicheren Beschäftigungen nach: Sie sind in der Vermarktung von landwirtschaftlichen Erzeugnissen tätig und nutzen die hohen Handelsspannen für sich selbst, während sie ihre Landarbeiter z. T. unter Mindestlohn bezahlen. Sie besitzen Einzelhandelsgeschäfte im Dorf, gehören der Traktorengenossenschaft an und sind in der Alkoholherstellung und im Ausschank tätig. Ihr Wocheneinkommen liegt selten unter 2000.— Peso. Diese Erscheinungen bestätigen eine Entwicklung im ejidalen Bereich, die sich in ausgeprägterer Form bereits in Benito Juárez hatte beobachten lassen.

5. Die Unterschiede in der Einkommensstruktur der einzelnen Erwerbstätigenklassen (von einer bis vier erwerbstätigen Personen pro Familie) weisen einige Gesetzmäßigkeiten auf. Bei den Familien mit einer erwerbstätigen Person ist der Anteil der nicht mehr in der Landwirtschaft Tätigen mit über 50 % am größten. Unter den Familien mit drei und vier erwerbstätigen Personen ist kein einziger Fall mit ausschließlich nicht-landwirtschaftlichem Einkommen mehr vertreten. Bei den Familien mit zwei erwerbstätigen Personen liegt der Anteil der nicht-landwirtschaftlich orientierten Familien unter 10 %. Aber auch die rein landwirtschaftlichen Einkommensfälle sind hier gering.

Der berufsstrukturelle und sozialökonomische Regelfall ist durch den gemischten Einkommensdifferenzierungsgang abgedeckt. Er ist vornehmlich durch die „Familien mit überwiegend landwirtschaftlichem Einkommen" bis „Familien mit überwiegend nicht-landwirtschaftlichem Einkommen" vertreten. Dabei hat in der Regel die erste erwerbstätige Person, meistens der Familienvater oder der älteste Sohn, die Landbewirtschaftung inne, während die übrigen Familienangehörigen nicht-landwirtschaftlichen Tätigkeiten nachgehen, die überwiegend einen höheren Einkommensanteil ausmachen.

6. Was den sozialen Rang der einzelnen Berufsgruppen in den Familien mit mehreren erwerbstätigen Personen anbelangt, so steht die Familie mit zwei erwerbstätigen Personen an der Spitze.

Ihre überwiegende Berufskombination ist: Campesino — gewerblicher Beruf (mit guter beruflicher Qualifikation) bzw. Angestellter (Lehrer, Betriebsführer, Kassierer usw.). Der gewerbliche Hilfsarbeiter tritt hier stark in den Hintergrund. Auch bei den Familien mit drei erwerbstätigen Personen nimmt die zweite Person noch weitgehend einen Beruf mit relativ guter Qualifikation ein, während bei der dritten Person der gewerbliche Hilfsarbeiter im Vordringen ist. Bei den Familien mit vier erwerbstätigen Personen bestimmt der gewerbliche Hilfsarbeiter bis auf zwei Ausnahmen vollkommen die berufliche Palette der nicht-landwirtschaftlichen Erwerbsmöglichkeiten.

Diese spezifische Sortierung von
— a) Berufen mit guter beruflicher Qualifikation bei Familien mit geringerer Erwerbstätigenquote und
— b) Berufen mit minderer beruflicher Qualifikation bei Familien mit höherer Erwerbstätigenquote

widerspricht nicht der auch in Industrieländern verbreiteten Norm, nach der Familien mit mehreren erwerbstätigen Personen ausbildungsmäßig und beruflich schlechter strukturiert sind. Hinsichtlich der Gemeinde San Juan sowie auch der übrigen Untersuchungsgemeinden hat diese Feststellung jedoch insofern speziellere Bedeutung, als sie die Gültigkeit der These einschränkt, berufliche Differenzierung bedeute immer auch sozialen Fortschritt. Die Familien mit 2 erwerbstätigen Personen in San Juan sind offensichtlich die einzige Gruppe, auf die diese These ziemlich vorbehaltlos anwendbar ist. Bei den Familien mit mehr als zwei erwerbstätigen Personen haben die nicht-landwirtschaftlichen Berufe, darunter — wie erinnerlich — an erster Stelle der gewerbliche Hilfsarbeiter, überwiegend subsistenzsichernde Funktion, womit nicht selten eine soziale Geringstellung gegenüber dem Campesino verbunden ist.

Zusammenfassung der Ergebnisse der sozialökonomischen Klassifikation von San Juan

Mit San Juan wurde eine Gemeinde in die Reihe der Dorfuntersuchungen einbezogen, die den Typ der stadtrandnahen, in der sozialökonomischen Differenzierung weit fortgeschrittenen Arbeiter- und Bauerngemeinde repräsentiert. Durch die Gliederung in eine Eigenland- und eine Ejidoabteilung vereinigt dieses Dorf beide im Rahmen unserer Fragestellung interessierenden dörflichen Strukturtypen.

Daß der hohe sozialökonomische Differenzierungsgrad in diesem Dorf nicht mit einem gleich hohen sozialen Fortschrittsniveau korrespondiert, ist bereits an der auffälligen Diskrepanz in den sozialökonomischen Grunddaten erkennbar, die die amtliche Statistik ausweist. Einer hohen außerlandwirtschaftlichen Erwerbstätigenquote steht ein geringer Alphabetisierungsgrad gegenüber. Mit dem Anteil der Bevölkerung, der über Primarschulbildung verfügt oder sich in Ausbildung befindet, liegt San Juan sogar an letzter Stelle hinter den übrigen Untersuchungsgemeinden. Die Einzelbefunde des Dorftests sprechen dafür, daß sich die Großstadt-Randlage San Juans, die für seine wirtschaftliche Entwicklung sicher von großem Nutzen war, im sozialen Bereich nicht nur zum Vorteil ausgewirkt hat. Ein außergewöhnlich hoher Abwanderungsstrom hat die angestammte Bevölkerung um die räumlich und sozial mobilsten Familien dezimiert, so daß eine negativ selektierte Restbevölkerung zurückblieb, die den Anforderungen und der Gewalt des von der Stadt auf sie ausstrahlenden sozialökonomischen Wandlungsprozesses nicht gewachsen war. Sozialer Unfriede unter den ortsansässigen Bevölkerungsteilen, z. B. zwischen Eigenlandcampesinos und Ejidatarios, Mißtrauen und ungezügelte Aggressionslust, übersteigerte Aspirationen und der ständige Drang, für den Zugewinn von Land, z. B. durch Inszenierung von Landinvasionen, kämpfen zu müssen, obwohl die landwirtschaftliche Betriebsgrößenstruktur in San Juan durchaus günstig ist, — krankhafte Selbstüberschätzung und die Neigung zum Alkoholismus konnten als Symptome dieser sozialen Fehlentwicklung registriert werden.

Trotz dieser sozialpsychologischen Absonderlichkeiten ergab die sozialökonomische Klassifikation eine relativ ausgewogene Besetzung der einzelnen sozialökonomischen Gruppen von San Juan. Entsprechend dem hohen Anteil der nicht mehr in der Landwirtschaft tätigen Bevölkerung (nach eig. Erhebungen über 50 %), ist der „gemischte Einkommensdifferenzierungsgang" der am meisten in Anspruch genommene Teil des Modells. Unter den sozialökonomischen Klassen dieses Differenzierungsgangs ist wiederum die „Familie mit ausschließlich nicht-landwirtschaftlichem Einkommen" die quantitativ am stärksten frequentierte. Es handelt sich dabei überwiegend um Familien mit *einer* erwerbstätigen Person, deren Einkommen ausschließlich aus nicht-landwirtschaftlicher Arbeit besteht. Ihre Zahl beträgt nicht weniger als 278 im Verhältnis zu einer Gesamtpopulation von 827 Familien in San Juan. Die sozialökonomische Entwicklung dieser Familien hat sich derartig von der Bodenbearbeitung entfernt, daß sie nicht einmal mehr über einen noch so minimalen landwirtschaftlichen Nebenerwerb verfügen.

Die Funktion des Nebenerwerbs ist in San Juan im Gegensatz zu den anderen Dörfern durchaus von industriestaatlicher Natur, insofern als er nicht der puren Subsistenzerhaltung dient, sondern einen sozialökonomischen Differenzierungsgrad innerhalb des Abwendungsprozesses von der Landwirtschaft beschreibt. Diese Ausnahmestellung des Nebenerwerbs in San Juan erklärt sich leicht aus der hohen Abwanderungsrate der Dorfbevölkerung, also dem verringerten Druck auf die landwirtschaftliche Nutzfläche, und dem günstigen nicht-agrarischen Berufsangebot: Faktoren, welche die sozialökonomische Situation San Juans der in Industrieländern vergleichbar machen.

Nebenerwerb, landwirtschaftlicher wie nicht-landwirtschaftlicher, ist vor allem unter den Familien mit einer und mit zwei erwerbstätigen Personen verbreitet. Bei den Familien mit einer höheren Erwerbstätigenquote herrscht das vollerwerbliche familiäre Funktionsteilungsprinzip, d. h. auch nebenerwerblich zu betreibende Beschäftigungen werden hier vollberuflich ausgefüllt. Die Belegung der einzelnen Berufe durch die Familienmitglieder ist dann so organisiert, daß der Familienvater oder der älteste Sohn die Landwirtschaft versieht, während die anderen Erwerbstätigen in nicht-landwirtschaftlichen Berufen tätig sind.

Was den sozialen Aufstieg der sich durch Abkehr von der Landwirtschaft sozialökonomisch differenzierenden Familien anbelangt, so dürften die Familien mit zwei erwerbstätigen Personen in dieser Rangfolge an erster Stelle stehen. Die erste Person ist naturgemäß meistens in der Landwirtschaft tätig, so daß sich mit ihr selbstverständlich kein soziales Werturteil verbinden läßt. Die zweite Person ist jedoch beinahe durchgehend in einem qualifizierten gewerblichen Beruf oder als Angestellter tätig. Mit zunehmender Erwerbstätigenzahl pro Familie verringert sich der Prozentanteil qualifizierter nicht-landwirtschaftlicher Berufe. Bei den Familien mit vier erwerbstätigen Personen ist der dominierende Beruf der gewerbliche Hilfsarbeiter.

Der sozialökonomische Entwicklungsgang läuft insofern nach ähnlichen Gesetzen ab, als in beiden Fällen die Landwirtschaft als Haupterwerbsfaktor kontinuierlich an Bedeutung verliert. Das Bemerkenswerte ist jedoch, daß sich diese Entwicklung im Ejidobereich, der ja von Gesetzes wegen auf die Bodenbearbeitung fixiert ist, mit noch stärkerer Vehemenz abspielt als bei den Eigenlandcampesinos. Die Verpachtung von Ejidoparzellen, einer der eklatantesten Verstöße gegen die Ejidalverfassung, ist nicht die Ausnahme in San Juan. Bezeichnenderweise rekrutieren sich die sieben zur „gewerblich-ländlichen Oberschicht" gerechneten Familien aus dem Ejidobereich. In den Eigenlandfamilien dagegen scheint sich die Entwicklung weniger sprunghaft zu vollziehen. Diese und andere Anzeichen sprechen dafür, daß die schon am Beispiel der Ejidos Xitoténcatl und Benito Juárez beobachteten Entwicklungstendenzen von allgemeiner Natur im gegenwärtigen Ejidowesen sind.

Wie beim Dorftest Atlamaxac so verlockten auch die Ergebnisse der Untersuchung von San Juan zum Vergleich mit Xalcaltzingo. Dabei ließ sich rasch erkennen, daß beide Gemeinden, San Juan und Xalcaltzingo, den fortgeschrittensten sozialökonomischen Differenzierungstyp unter den untersuchten Gemeinden repräsentieren. Als Ursachen dafür gelten jedoch recht unterschiedliche ökonomische Ausgangsbedingungen. Für San Juan dürfte von Anfang an eine stärker gewerblich orientierte Wirtschaftsentfaltung wegen der Großstadt-Randlage prognostizierbar gewesen sein. Der hohe Differenzierungsstand Xalcaltzingos, welches inmitten einer überwiegend agrarisch strukturierten ländlichen Umgebung liegt, erklärt sich aus der konfessionsbedingten Sonderentwicklung der sozialen Mobilität in diesem Dorf, was auch der Vergleich mit dem in natürlicher Ausstattung gleichgestellten Nachbardorf Atlamaxac belegt hat.

C. ZUR SOZIALRÄUMLICHEN GLIEDERUNG DES PROJEKTSGEBIETES

Die Frage der sozialräumlichen Gliederung ist mit der sozialökonomischen Klassifikation eng verbunden. Denn sie beschäftigt sich mit der *räumlichen* (horizontalen) Organisation und Verteilung der bis zu dieser Stelle nur in ihrer *vertikalen* Anordnung untersuchten Sozialgruppen. Die in dem vertikalen Klassifikationssystem untergliederten einzelnen sozialökonomischen Gruppen könnten in der Legende einer denkbaren sozialräumlichen Gliederungskarte zugleich als die horizontalen Klassifikationsfaktoren zur Unterscheidung einzelner Sozialräume fungieren. Man darf als Ergebnis einer solchen sozialräumlichen Gliederung natürlich nicht erwarten, daß sich dabei Dörfer oder Gebiete mit 100 %er Repräsentanz nur der einen oder anderen sozialökonomischen Klasse ergeben. Die Legende dieser Karte würde voraussichtlich aus einem Kombinationsraster der verschiedenen sozialökonomischen Klassen bestehen, die durch Prozentanteile oder Schwellenwerte in Relation zueinander gesetzt werden. Als Muster für eine solche Legende ließe sich etwa folgende Aufstellung denken:
— Reine Subsistenzgebiete
— Gebiete mit überwiegender Subsistenzwirtschaft; bis zu 10 % (20 %, 30 % usw.) der Bevölkerung mit gelegentlichen oder regelmäßigen Ernteüberschüssen
— Gebiete mit überwiegender Subsistenzwirtschaft; bis zu 10 % (20 %, 30 % usw.) mit gezielter Marktproduktion
— Überwiegend landwirtschaftliche Gebiete; 10 % (20 %, 30 % usw.) der Bevölkerung mit nicht-landwirtschaftlichem Einkommen
usw.

Eine sozialräumliche Gliederung des Projektsgebietes käme auch einem Forschungsinteresse im Rahmen des Projektes entgegen, da sie das Pendant zu einer bereits bestehenden „Agrargeographischen Gliederung des Beckens von Puebla-Tlaxcala" (SEELE 1970) darstellen würde. Der Nutzen einer intensiven Zusammenarbeit zwischen Agrar- und Sozialgeographie braucht nicht eigens ausgeführt zu werden.

Von den fünf vorliegenden Dorfuntersuchungen darf man natürlich noch keine konkreten Anhaltspunkte hinsichtlich einer sozialökonomischen Regionalisierung erwarten. Aus der zusammenhängenden Interpretation der Ergebnisse der Einzeluntersuchungen lassen sich jedoch einige grundsätzliche Hinweise zum sozialräumlichen Grundmuster des Untersuchungsgebietes ableiten, die zugleich den Erfahrungen entsprechen können, die man bei ähnlichen sozialräumlichen Regionalisierungsversuchen in anderen Teilen der Erde gewonnen hat.

I. Räumliche (metrische) und kommunikative Distanzen

Die Verwendung dieser beiden Distanzbegriffe in Zusammenhang mit räumlichen Gliederungsverfahren hat sich in der Geographie immer wieder bewährt. Im Rahmen des Projektes spielen sie auch bei TICHY (1970), obwohl nicht expressis verbis genannt, in seinem Aufsatz über „Zentrale und periphere Räume im Bereich des Beckens von Puebla-Tlaxcala..." in bezug auf die Siedlungs- und Bevölkerungsentwicklung eine Rolle. NICKEL (1971, S. 65 ff.) diskutiert die beiden Distanzbegriffe in seiner auf Mexiko bezogenene Untersuchung zum Marginalitätsproblem (sein Zentrum-Peripherie-Modell s. Abb. 7, S. 152). Es erscheint sinnvoll, die Ergebnisse der Dorftests hinsichtlich einer sozialräumlichen Regionalisierung des Untersuchungsgebietes unter diesem Begriffspaar der räumlichen und kommunikativen Distanzen auszuwerten.

Unter Zugrundelegung eines rein metrischen Distanzbegriffes könnte man sich die sozialökonomische Gliederung des Projektsgebietes etwa entsprechend einem einfachen Zentrum-Peripherie-Modell vorstellen. Als Zentrum würde die Hauptstadt Puebla mit dem höchsten sozialökonomischen Differenzierungsgrad fungieren; an der Peripherie mit dem geringsten Differenzierungsgrad wären

Benito Juárez und Xicoténcatl anzusiedeln. San Juan befände sich relativ nahe am Zentrum, was einem relativ hohen sozialökonomischen Differenzierungsgrad entspräche. Xalcaltzingo und Atlamaxac nähmen eine Zwischenstellung zwischen San Juan und der Peripherie mit entsprechend reduziertem sozialökonomischem Differenzierungsstand ein.

Es läßt sich leicht erkennen, daß dieses Modell mit den wirklichen sozialökonomischen und kommunikativen Verhältnissen nicht übereinstimmt. Wie die Einzeluntersuchungen erwiesen haben dürften, repräsentiert jedes Dorf einen sozialökonomischen Typ, der sich nicht durch die metrische Entfernung vom Zentrum definieren läßt.

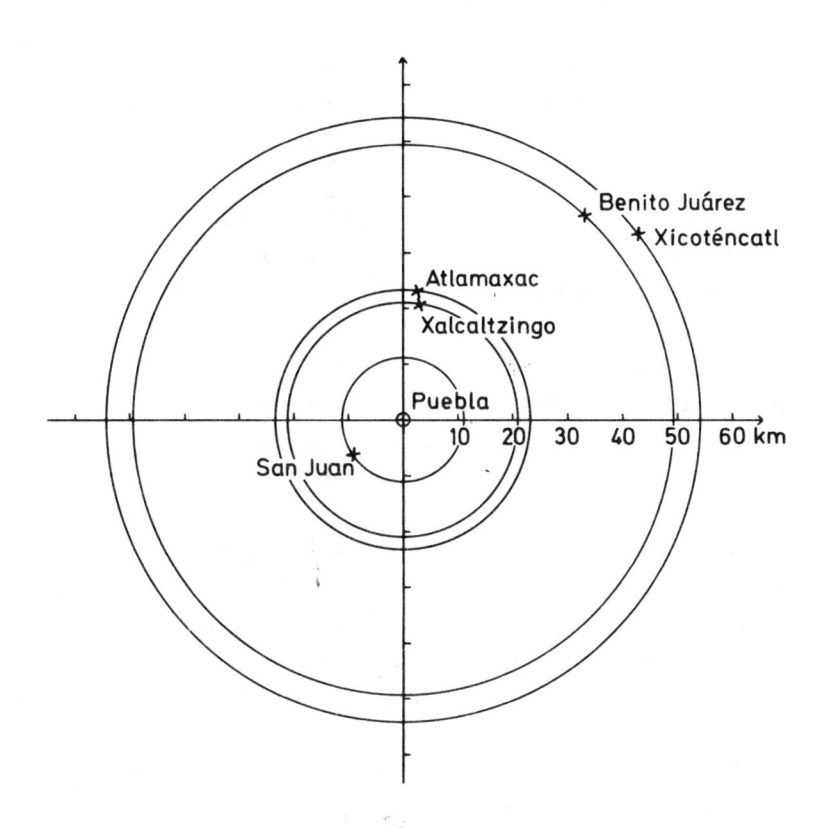

Abb. 4: Metrisches Distanzmodell

Im Modell liegen beispielsweise die Dörfer Xalcaltzingo und Atlamaxac bzw. Benito Juárez und Xicoténcatl jeweils beinahe auf demselben Äquidistanzring. Sozialökonomisch sind sie jedoch, zumindest was Xalcaltzingo und Atlamaxac anbelangt, stark voneinander unterschieden. So weist Xalcaltzingo hinsichtlich des sozialökonomischen Differenzierungsgrades durchaus Anklänge zu dem durch Großstadtnähe geprägten San Juan auf. Auch Benito Juárez und Xicoténcatl lassen sich, obwohl nahezu auf demselben Äquidistanzring liegend, nicht einem einheitlichen „sozialökonomisch peripheren Typ" zuordnen.

Aus diesem Anwendungsbeispiel ergibt sich, wie schon im vorausgehenden Hauptteil angedeutet, daß nicht die metrische Distanz, sondern die kommunikative oder auch soziale, wie man sie in diesem Zusammenhang nennen könnte, die adäquate Maßeinheit ist, mit der man das sozialökonomische Gefälle zwischen dem Zentrum und der Peripherie erfassen, zumindest aber beschreiben kann. Dieser vertikale Distanzbegriff ist von komplexer Natur und läßt sich bei weitem nicht so exakt definieren wie der horizontale (metrische) Distanzbegriff.

Unter den zahlreichen Kriterien, die in dem Begriff der sozialen Distanz zusammenfließen, seien einige genannt, die sich auch aus den Erfahrungen bei den fünf Dorftests ableiten lassen:
— die sozialökonomische Struktur des Dorfes
— die soziale Mobilität
— der Alphabetisierungsgrad der Bevölkerung
— der Versorgungsgrad mit Kommunikationsmitteln
— der Anteil von Pendlern an der Dorfbevölkerung
— die Verkehrserschließung.

Zur anschaulichen Abgrenzung des kommunikativen (oder sozialen) Distanzbegriffes vom metrischen ist es von Vorteil, dem metrischen Distanzmodell ein kommunikatives gegenüberzustellen. Auf der Suche nach einer geeigneten Maßeinheit zur Darstellung der kommunikativen Distanz erkennt man schnell die Schwierigkeiten, die mit einer quantitativen Zusammenfassung der oben genannten Einzelkriterien verbunden sind. Stellvertretend für die Einzelkriterien, wenn auch nicht repräsentativ, sei deshalb zunächst versucht, ein kommunikatives Distanzmodell für unsere fünf Testdörfer auf der Basis des Alphabetisierungsgrades ihrer Bevölkerung anzulegen.

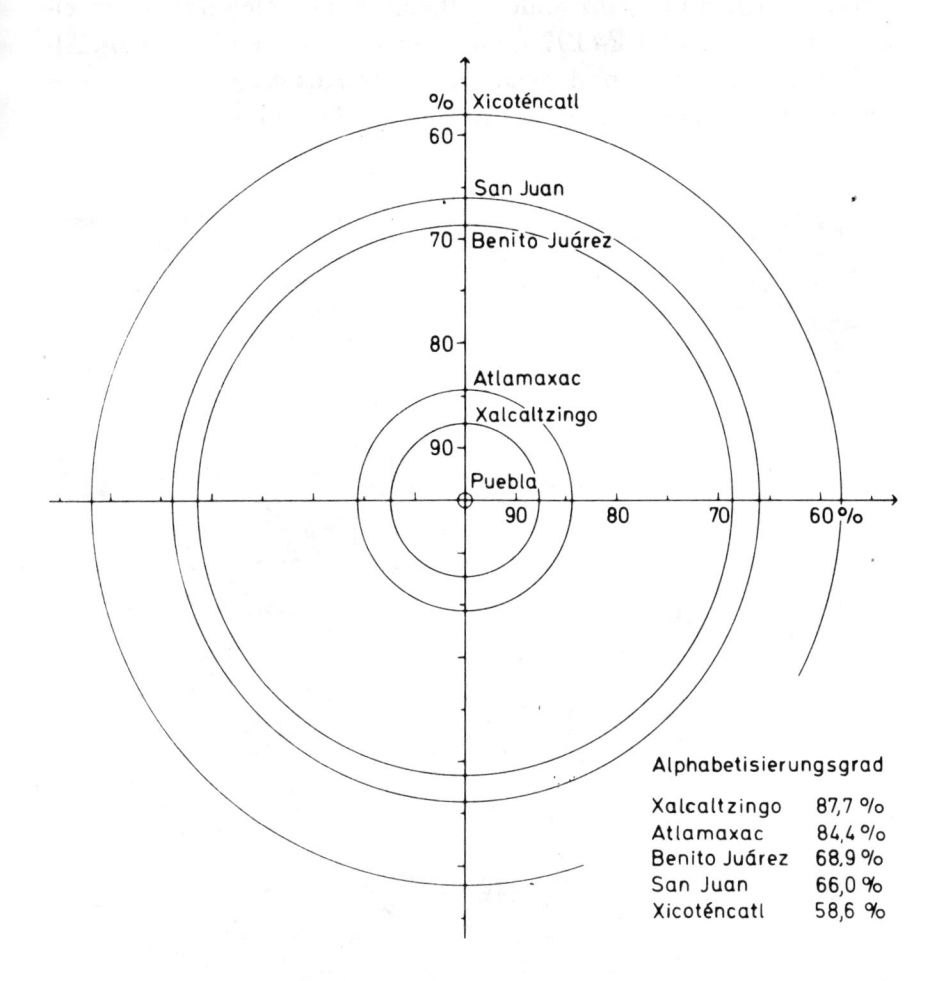

Abb. 5: Kommunikatives Distanzmodell
(Kriterium: Alphabetisierungsgrad)

Gegenüber dem metrischen Distanzmodell hat sich die Situation jetzt wesentlich verändert: Die geringste kommunikative Distanz gegenüber dem Zentrum hat Xalcaltzingo, es folgt Atlamaxac. Noch vor San Juan, welches im metrischen Distanzmodell auf dem zentrumsnächsten Distanzring gelegen hatte, rangiert Benito Juárez, an der Peripherie liegt Xicoténcatl.

Wenn auch unter ganz anderer thematischer Zielsetzung, arbeiten SEELE und WOLF (1973) mit dem statistischen Merkmal „Alphabetisierungsgrad" und gelangen unter Auswertung des Censo General de Población von 1960 zu folgender Computerkarte:

Abb. 6: Das Verhältnis der Analphabeten zur Gesamtbevölkerung pro Munizip 1960
(nach SEELE und WOLF, 1973, S. 103). Zum Vergleich mit der topographischen Übersichtskarte, s. S. 4

Die Interpretation der Karte weist auf einige Gesetzmäßigkeiten in der Verbreitung des Analphabetismus hin, die Anklänge an das Konzept der „Zentralen und peripheren Räume" nach TICHY (1970) wecken: Gebiete mit der geringsten Analphabetenrate sind die Landeshauptstädte Puebla und Tlaxcala. Die naturräumlich begünstigten Bewässerungslandschaften des zentralen Beckens und die urbanisierten städtischen Inseln im südöstlichen Projektsgebiet bilden die zweite Alphabetisierungsstufe, die randlich daran anschließenden Bereiche die dritte. Große Teile des Blocks von Tlaxcala (im Norden), die Ränder der Cordillera Tentzo (im Südosten) und des Beckens von Atlixco (im Südwesten) markieren bereits Analphabetenraten bis zu 50 %; zu den absolut peripheren Bereichen zählen die Hänge der Malinche bis unmittelbar an die Stadt Puebla heran, die rückwärtige Cordillera Tentzo im Süden, die Hänge des Popocatépetl und der Ixtaccíhuatl und der Bereich des Río Frío am westlichen Kartenrand.

Es wäre verfehlt, hieraus eine Übereinstimmung zwischen metrischen und kommunikativen Distanzen entnehmen zu wollen. Wegen der Generalisierung dieses Maßstabes auf Munizipialebene kann diese Karte gar keinen anderen Eindruck erwecken als den von kontinuierlich verlaufenden Übergängen zwischen geschlossenen Räumen gleichen Analphabetenanteils. Darauf weisen auch SEELE und WOLF hin und erwähnen die Problematik, mit der man bei der Auswertung der mexikanischen Statistik, speziell der Munizipalstatistik, konfrontiert wird (a. a. O., S. 130, Anm.).

Für unsere Regionalisierungsüberlegungen ergibt sich aus diesem Exkurs, daß man, wenn man auf diesem Feld unter Zuhilfenahme der amtlichen Statistik weiterkommen will, möglichst kleine Bezugseinheiten, etwa auf Gemeindeebene, wählen sollte. Gilt diese Empfehlung schon für die Erzielung einer größeren Realitätsnähe bei der zuletzt referierten Analphabetenverteilungskarte, so dürfte ihr ganz besondere Bedeutung bei der Regionalisierung selbst zufallen, bei der das Kriterium „Alphabetisierungsgrad" eine wesentliche Rolle spielen dürfte.

II. Das NICKELsche Kommunikationsmodell

Die generellen Beobachtungen zur sozialräumlichen Struktur des Projektgebietes decken sich mit den Ergebnissen, die H. J. NICKEL (1971) in seiner Untersuchung zum Marginalitätsproblem erzielt. Eine wesentliche Ursache für die sozialökonomische Polarität zwischen Stadt und Land in Mexiko sieht NICKEL in der unzulänglichen Struktur des Kommunikationsnetzes und der Art des Informationsflusses, der das Ausbreitungszentrum von Informationen mit der Peripherie verbindet. Den Ausgangspunkt der Überlegungen stellt ein kybernetisches Zentrum-Peripherie-Modell dar, in dem der Gang der Transaktionen vom Zentrum der Peripherie und umgekehrt über einzelne Schaltstationen beschrieben wird (s. Abb. 7).

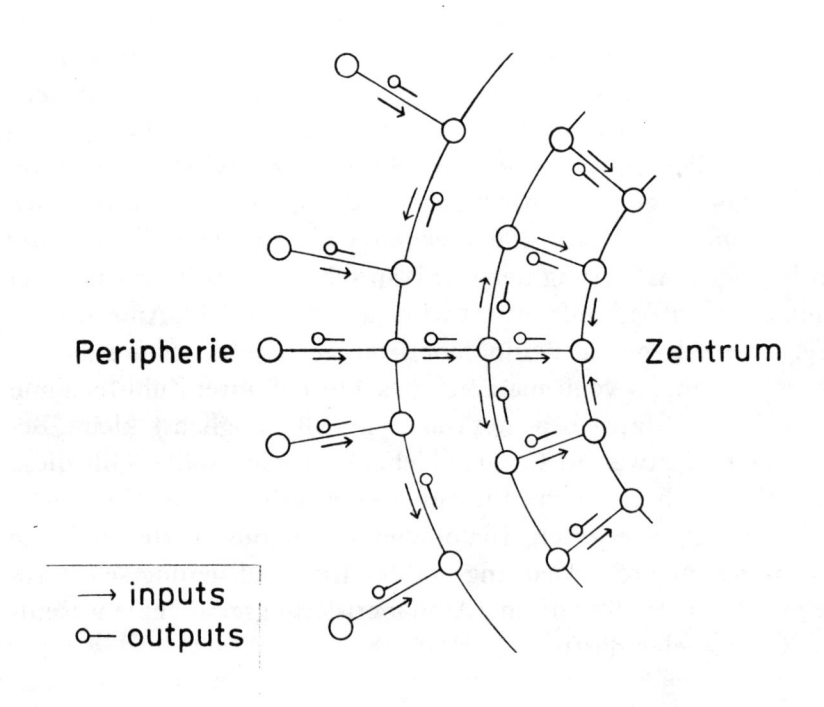

Abb. 7: Das Zentrum-Peripherie-Modell nach NICKEL (1971)

Das Zentrum ist der Kern der Informationsausbreitung. Informationsangebot und -aufnahme sind hier maximal ausgeprägt. Übermittlungsverluste, d. h. Verfälschungen und Verzögerungen treten im Zentrum kaum auf, während zur Peripherie hin die Störungsfaktoren beträchtlich zunehmen.

Überträgt man dieses Modell auf das hier behandelte Untersuchungsgebiet, so dürfte der Hauptstadt Puebla die Rolle des (Kommunikations-)Zentrums zufallen, während die einzelnen Testgemeinden sich entsprechend ihrer kommunikativen Distanz zentrifugal zur Peripherie hin anordnen. Graphisch dargestellt, würde sich dieser Sachverhalt nicht wesentlich von dem bereits in Abb. 5 gezeigten kommunikativen Distanzmodell unterscheiden, mit der Einschränkung jedoch, daß als Maßeinheit für die kommunikative Distanz hier nicht der Alphabetisierungsgrad, sondern die Übermittlungsdauer und -entfernung einer Information fungieren.

Es wurde bereits im vorausgehenden Kapitel gezeigt, wie eng Kommunikation und sozialer Wandel miteinander korrespondieren. Es bedarf auch bei NICKEL nur eines kleinen Schrittes, das kybernetische Z-P-Modell auf den sozialen Sektor zu übertragen. In diesem Sinne stellt das Kommunikationszentrum zugleich den Ort der größten sozialen Entfaltungschancen, der Mobilität und Innovationsfreudigkeit dar, die, entsprechend den Übermittlungsverlusten, zur Peripherie hin abnehmen. Dort kommt es zu den am Beispiel der sozial weniger entwickelten Dörfer San Juan, Atlamaxac und Xicoténcatl beschriebenen politischen, gesellschaftlichen und infrastrukturellen Ausfallerscheinungen, die sich, will man die NICKELschen Thesen auch prognostisch einsetzen, erst durch eine Verbesserung des Kommunikationssystems beheben lassen dürften.

Vergleicht man den kybernetischen Ansatz des NICKELschen Z-P-Modells mit den Beobachtungen zur sozialräumlich-gliedernden Funktion von kommunikativen Distanzen, so sind darin weitgehende Gemeinsamkeiten zu erkennen. Das Verhältnis dieser beiden Ansätze läßt sich vielleicht so charakterisieren, daß das NICKELsche Modell wegen seiner Allgemeingültigkeit den theoretischen Rahmen für weitere empirische Untersuchungen absteckt, die sich im weiteren und im engeren Sinne dem Marginalitätsproblem widmen.

III. Grundgedanken zu einer künftigen sozialräumlichen Gliederung des Projektsgebietes

Überträgt man die in den Klassifikationstests gewonnenen Erfahrungen auf den theoretischen Hintergrund der zuletzt referierten kommunikativen Distanzvorstellungen, so läßt sich folgendes Ergebnis festhalten:

Das Untersuchungsgebiet ist nicht nach einem System zusammenhängender flächendeckender Sozialräume nach der Art eines kontinuierlich verlaufenden horizontalen Stadt-Land-Gefälles geordnet. Die einzelnen Siedlungen beziehen vielmehr ihren sozialökonomischen Differenzierungsstatus aus ihrer vertikalen Kommunikations- und Innovationsnähe zu übergeordneten Ausbreitungszentren mit distanzüberwindendem Effekt. Es ist nicht ausgeschlossen, daß in einigen Dörfern die kommunikativen und sozialen Bezugskoordinaten so geartet sind, daß sie sich einer kategorialen Erfassung völlig entziehen. In den vorgestellten Untersuchungsbeispielen haben sich als besonders innovationsfördernde Kommunikationsträger der Ejidokommissar von Benito Juárez und die Pentecostés-Sekte in Xalcaltzingo erwiesen.

Diese Erfahrungen führen vor allem zu der Erkenntnis, daß es falsch wäre, von einer verhältnismäßig so geschlossenen räumlichen Modellvorstellung auszugehen wie einem Zentrum-Peripherie-Modell, in dem Puebla das einzige und für das ganze Projektgebiet verbindliche kommunikative und soziale Ausbreitungszentrum darstellt. Abgesehen von den bereits genannten regional bedeutenden Kommunikationsträgern, wird dieses Idealbild aber auch von den Ausstrahlungen übergeordneter Kommunikationszentren gestört, die außerhalb des Projektgebietes liegen. Das trifft etwa auf die Bundeshauptstadt Mexiko zu, welche für viele aus den ländlichen Räumen Pueblas und Tlaxcalas Auspendelnde und Abwandernde den direkten kommunikativen Bezugspunkt bildet. Wie unterschiedlich sich die sozialökonomischen Differenzierungskräfte gerade auf engstem Raum auswirken, haben die so gegensätzlich strukturierten Nachbargemeinden Xalcaltzingo und Atlamaxac gezeigt.

Aus diesen Darlegungen ist zu erkennen, daß dem Vorhaben, zu einer sozialräumlichen Gliederung des Projektsgebietes zu kommen einige grundsätzliche Schwierigkeiten entgegenstehen.

1. Angesichts der geringen sozialökonomischen Geschlossenheit der Region Puebla-Tlaxcala dürfte kein Weg daran vorbeiführen, das Projektsgebiet in seiner Gesamtheit systematisch und flächendeckend, d. h. Siedlung für Siedlung lückenlos zu erfassen. Denn nicht kontinuierlich angeordnete Räume gleicher sozialökonomischer Struktur, sondern ein punktuelles Raster von z. T. gegensätzlich strukturierten sozialökonomischen Kleineinheiten scheinen den Sozialraum zu charakterisieren.

2. Diese Aufgabe läßt sich in Anbetracht der in die Tausende gehenden Zahl von Klein- und Kleinstsiedlungen im Projektsgebiet nur unter Zuhilfenahme der Statistik bewältigen (vgl. den von TICHY 1974 zusammengestellten Katalog der Siedlung und Bevölkerung von 1900 bis 1970).

3. Gegenüber der amtlichen Statistik gelten aber die Vorbehalte, die bereits in den methodischen Vorbemerkungen zur sozialökonomischen Klassifikation eingebracht und die auch von SEELE und WOLF (1973, S. 130) bestätigt worden sind.

Im Bestreben, aber doch einige positive Aspekte für eine künftige Lösung dieser Frage anzudeuten, so erscheint es zumindest der Mühe wert, die Verwendung der amtlichen Statistik in modifizierter Form in einer gesonderten Untersuchung neu zu durchdenken. Voraussetzung dafür muß es sein, daß nicht das Munizip, etwa vergleichbar mit der deutschen Kreisstadt, sondern mindestens die nächst untergeordnete Erhebungsebene, nämlich das Dorf, der Ejido, die Kolonie die statistische Bezugseinheit ist. Diese Bedingung wird annähernd durch den Censo General de Población von 1970 erfüllt, aus dem — wie erinnerlich — im Hauptteil der Untersuchung die Zensusdaten entnommen sind.

Was die Verwendung dieser Statistik anbelangt, so sei — einem Vorschlag F. TICHYs aus dem Jahre 1976 folgend — an die Möglichkeit gedacht, die für den Zweck einer sozialräumlichen Regionalisierung einzeln nicht verwendbaren Daten miteinander zu korrelieren und daraus einen sozialökonomischen Gesamtindex abzuleiten. Dieser Index böte dann die Grundlage für die Herstellung einer Verbreitungskarte der sozialökonomischen Gemeindetypen, die den Ausgangspunkt für die gewünschte Regionalisierung liefern könnte.

Summary

This investigation starts out from the author's experience that the rural region of Puebla-Tlaxcala is no longer only a showplace of processes of social differentiation of a subsistence and agrarian market-orientated nature. Since 1970 this area has increasingly developed into a location for both manufacturing plant and an expanding secondary and tertiary labour sector. For this reason it is meaningful to include the whole range of forms of rural Mexican income in this investigation and to stop regarding the Campesino class solely as the exponent of the possibilities of rural existence.

In order to allow this endeavour to arrive at objective and quantifiable findings the data collection was directed towards the inclusion of the socio-economic structure of the entire rural family in the area under investigation. The most important aim in this is to ascertain the state of income of every wage-earner belonging to a family, for this approach makes possible the classification of socio-economic location and degree of mobility of the family in the field of conflicting interests, ranging from pure subsistence agriculture and market-orientated agriculture to mixed and non-agricultural means of livelihood. The result of these definitions of employment and social status is a socio-economic classification model (see Figure). It describes the socio-economic groups in Mexican rural society which exist at present, as well as their process of development from an originally undifferentiated society of subsistence economy to a differentiated, integrated, urban-industrial society.

The classification model is divided into a process of subsistence differentiation, a process of market orientation, and a mixed process of income differentiation. Whereas the traditional agrarian-rural differentiation of society can only be comprehended by means of the two former development processes of the classifica-

The socio-economic classification model
undifferentiated, isolated subsistence economy society

"Course of subsistence differentiation"	"Course of market orientation'"	"Course of mixed income differentiation"
Agric. families (subsist.) without further income ———————— or daily-paid landless labourers (Peones)	Agric. families (subsist.) with occasional crop surpluses	Families with income predominantly based on agric. Agric. income = > 50 % of total income
Agric. families (subsist.) with supplementary employment in the village ———————— or daily-paid labourers with additional income from agric.	Agric. families with regular surplus production	Families with balanced income from agric. and non-agric. sources
Agric. families (subsist.) with members in full employment outside agriculture and outside agriculture and outside the village	Agric. families with planned production for the market with some members involved in marketing organisation	Families with exclusively non-acric. income
Subsidised subsistence families	Market-oriented agric. enterprises with some members engaged independently in trade	Rural-manufacturing upper stratum

Differentiated, integrated, urban (industrial) society

tion model, the actual manufacturing-rural differentiation takes place in the process of the model's mixed income differentiation. A large part of the families has already abandoned completely the agricultural modes of income. A classification model of a purely industrial society could be employed for a further detailed socio-economic enquiry into these families.

The material required for the investigation was obtained by conducting about 100 random sample inquiries scattered throughout the area under investigation, together with 5 village studies. The choice of villages studied in detail was based on a socio-economically representative code which it proved possible to set up in the course of the sample surveys. The following were investigated:

— the Ejido community of Xicoténcatl (Huamantla, Tlaxc.) as representative of the type of agricultural subsistence community on the spatial and social periphery and lacking indications of occupational mobility and social change.

— the Ejido community of Benito Juárez (Huamantla, Tlaxc.) as representative of the type of subsistence community on the spatial and social periphery with the beginnings of change in the occupational and social structure.

— the Campesino community of Xalcaltzingo (Tepeyanco, Tlaxc.) as representative of the type of rural community with stable income structure, albeit with increasing intrusion of forms of income derived from manufacturing industry.

— the Campesino community of Atlamaxac (Tepeyanco, Tlaxc.) as representative of the type of a rural community having a relatively stable agricultural income structure and little occupational mobility.

— the Campesino and Ejido community of San Juan (Puebla, Pue.,
 the place-name is encoded) as a type of rural farming and labouring community in the vicinity of a major town, having a rural social structure of a contraversial stamp with tendencies towards change to incomes from non-agricultural occupations.

The common result of these village studies is that although to a varying degree all of the villages are experiencing decisive social change, the dynamic which gives direction to this change is evidently not determined primarily by a core-periphery socio-economic gradient extending between Puebla, the capital, and the marginal areas, but rather more decisively by locally important innovation centres, which do not appear to be subject to any clear spatial ordering. The processes of more or less significant change include, for example:

— the substitution of formerly strict monoculture of maize and beans by the rotation of maize-potato-grainbeans in Xicoténcatl

— the intensification of agriculture by irrigation and the setting-up of a dairy cattle ranch at Benito Juárez

— supplementary or full-time occupation in the production of concrete building blocks at Xicoténcatl and the construction of a textile factory in Benito Juárez

— the establishment of manufacturing firms at Xalcaltzingo

A particularly striking feature of this development is the fact that the very institution of Ejido, which in accordance with its purpose, might be counted among the indigenous, immobile part of rural society, often provides the impetus for such processes of socio-economic change. This also applies to the Ejido faction in San Juan, which, together with the factory and ranch owners of Benito Juárez, presents clear indications of the development of a rural manufacturing upper stratum in the society. Beyond this it is especially at San Juan that features of mobility linked with an industrial society are much in evidence — such as the separation of place of residence and work, the neglect of field cultivation, orientation towards the town etc. But the remaining rural communities have also experienced the development of a ramified commuter movement over recent years.

Translation: Dr. Anthony Hellen

Resumen

Esta investigación se basa en la experiencia que los procesos agropecuarios de subsistencia y aquellos orientados al mercado no son los únicos que originan una diversificación social en la región rural de Puebla-Tlaxcala. Desde 1970 esta área se ha venido desarrollando en forma creciente como un lugar de asentamiento de fábricas comerciales, dando lugar al surgimiento de profesiones en los sectores económicos secundario y terciario. De ahí que esta investigación considere de utilidad incluir en el análisis toda la extensa gama de las formas de ingresos mexicanos rurales, y no considerar solamente a la clase social campesina como la única exponente de uno posible subsistencia rural.

Para traducir estos esfuerzos en una información objetiva y cuantificable, se orientaron las encuestas a abarcar la totalidad de la estructura socio-económica familiar rural en el área de investigación. El objetivo principal consiste en determinar las relaciones de ingreso de cada miembro familiar activo. De esta forma se puede determinar la ubicación socio-económica y el grado de movilidad de la familia en la disyuntiva entre una producción agrícola de subsistencia, pasando luego hacia una producción orientada hacia el mercado, hasta llegar a formas mixtas de ocupación no agrícola. El resultado de la determinación del status ocupacional y social dió origen a un modelo de clasificación socio-económico (ver Gráfico). En el se describen tanto los grupos socio-económicos actuales de la sociedad mexicana rural, así como su evolución desde una sociedad de subsistencia indiferenciada e isolada hacia una sociedad urbano-industrial diferenciada e integrada.

El modelo de clasificación está dividido en un proceso diferenciado de subsistencia, una etapa de orientación al mercado y un proceso de ingresos mixtos. Mientras que la sociedad rural agrícola tradicional está caracterizada por los dos primeros estadios del

Modelo de clasificación socio-económico
Sociedad de subsistencia indiferenciada e isolada

Procesos diferenciado de subsistencia	Proceso de orientación al mercado	Proceso de ingresos mixtos
Familias agrícolas (subs.) sin otros ingresos adicionales; ⎯⎯⎯⎯⎯⎯⎯⎯⎯⎯ y/o peones sin tierra	Familias agrícolas (subs.) con ocasionales sobreproducción de cosecha	Familias con ingreso mayoritariamente agrícola. Ingreso agrícola > 50 % del ingreso total.
Familias agrícolas (subs.) con ocupación paralela en el pueblo; ⎯⎯⎯⎯⎯⎯⎯⎯⎯⎯ y/o peones con ingreso adicional agrícola	Familias agrícolas con sobreproducción regular	Familias con ingreso agrícola y no agrícola equilibrado.
Familias agrícolas (subs.) con algunos miembros familiares ocupados en el pueblo en labores no agrícolas	Familias agrícolas con una producción orientada hacia el mercado	Familias con ingreso mayoritariamente no agrícola. Ingreso no agrícola > 50 % del ingreso total
Familias agrícolas (subs.) con algunos miembros familiares ocupados en labores no agrícolas, no relacionadas con el pueblo.	Familias agrícolas con producción orientada hacia el mercado, con separación del proceso de comercialización	Familias con ingreso exclusivamente no agrícola
Familias de subsistencia subvencionadas	Familias agrícolas orientadas hacia el mercado, con organización propia de comercialización	Clase alta industrial-rural

Sociedad urbano-industrial diferenciada e integrada

proceso en el modelo de clasificación, la situación actual representa el estadio de ingresos mixtos del modelo. Una gran parte de las familias se han independizado de aquellas formas de ingresos netamente agrícolas. Para una captación socio-económica detallada de estas familias, se podría hacer uso de un modelo clasificatorio netamente socio-industrial.

El material necesario para la investigación se desprende de cerca de 100 encuestas al azar, distribuidas en toda la región de estudio, y de investigaciones especiales realizadas en cinco pueblos. La elección de los pueblos analizados en detalle se basa en considerandos socio-económicos obtenidos del análisis de las encuestas al azar. Se investigaron:

— La comunidad éjido Xicoténcatl (Huamantla, Tlaxc.) como representante de una comunidad agrícola de subsistencia periférica y marginal, tanto desde el punto de vista espacial como social, carente de indicios de una movilidad profesional y de cambio social.

— La comunidad éjido Benito Juárez (Huamantla, Tlaxc.) como representante de una comunidad agrícola de subsistencia periférica y marginal, tanto desde el punto de vista espacial como social, con primeros indicios de cambio socio-profesional.

— La comunidad campesina Xalcaltzingo (Tepeyanco, Tlaxc.) como representante de una comunidad rural con una estructura de ingresos agrícolas estables y con una tendencia creciente a la aparición de formas de ingresos industriales.

— La comunidad campesina Atlamaxac (Tepeyanco, Tlaxc.) como representante de una comunidad rural con una estructura de ingresos agrícolas relativamente estables y débil movilidad profesional.

— La comunidad campesina y comunidad éjido San Juan (Puebla, Pue., el nombre está en clave) como representante de una comunidad de campesinos y obreros cercana a la gran ciudad, de estructura social controvertida y con signos de cambio hacia relaciones de ingresos no agrícolas.

El resultado común de las investigaciones obtenidas en estos pueblos es que todos ellos están comenzando a ser afectados, aún cuando en diversa medida, por un cambio social. La dinámica que dirige a este cambio no está aparentemente determinada fundamentalmente por la gradiente socio-económica centro-periferia existente entre Puebla, la capital del estado y las áreas marginales. Más bién centros locales importantes de innovación, aparentemente distribuídos sin un orden preconcebido, desempeñan un papel decisivo en estos procesos de cambio más o menos intensos. Pertenecen a ellos por ejemplo:

— El reemplazo del monocultivo maíz-frejoles, antiguamente muy frecuente, por una rotación maíz-patatas-cereales-frejoles en Xicoténcatl.

— La intensificación del cultivo a través de regadío y la creación de un rancho lechero-ganadero en Benito Juárez.

— La ocupación paralela y/o principal en la producción de ladrillos de cemento en Xicoténcatl y la construcción de una fábrica textil en Benito Juárez.

— El asentamiento de industrias en Xalcaltzingo.

Llama especialmente la atención en este desarrollo el hecho de que sea precisamente el sistema de éjidos, que originariamente fuera planeado como un factor extabilizador de la sociedad rural, el que frecuentemente desate la motivación para el proceso socioeconómico de cambio. Esto es válido también para el éjido de San Juan, el que conjuntamente con los propietarios de la fábrica y rancho de Benito Juárez, muestran claros indicios de un surgimiento de una clase alta industrial-rural. Incluso en San Juan los fenómenos de movilidad de una sociedad industrial, como por ejemplo la separación entre el lugar de trabajo y de vivienda, el paulatino abandono de la preparación del suelo agrícola, la orientación hacia la ciudad, etc. son precisamente muy evidentes. También en las restantes comunidades rurales se ha desarrollado en los últimos años un sistema de tráfico de ido y vuelta bastante ramificado.

Traducción: Ricardo Riesco

Literaturverzeichnis

ALEMAN ALEMAN, E. 1966, Investigación socio-económica directa de los ejidos de San Luis Potosí, México D. F.
BALLESTEROS, M.L. 1968, Nueva Geografía Elemental del Estado de Tlaxcala. México D.F.
BARRACLOUGH, S. 1971, El desarrollo rural y las perspectivas de la ocupación en America Latina. In: Revista del México Agrario, México D.F., 5. Jahrg., Bd. 1, S. 19-59
BARTELS, D. (ed.) 1971, Wirtschafts- und Sozialgeographie. Köln u. Berlin
BATAILLON, C. 1972, La ciudad y el campo en el México Central. Siglo 21 editores, Mexico D.F. (Französ. Ausgabe 1971: Ville et champagnes dans la région de Mexico, Paris).
BENITEZ ZETENO, R. 1965, El estado de Tlaxcala: aspectos de su estructura y dinamica socio-económica. In: Revista Mexicana de Sociología 27, S. 425-450
BOBEK, H. 1959, Die Hauptstufen der Gesellschafts- und Wirtschaftsentfaltung in geographischer Sicht. In: Die Erde, 90. Jahrg., S. 259-298. (Mit Kürzungen nachgedruckt in E. Wirth (ed.) 1969, Wirtschaftsgeographie, Darmstadt, S. 441 ff.)
DEGE, E. 1974, Filsen und Osterspai. Arb. z. Rhein. Landeskunde, Bonn
CHEVALIER, F. 1965, Ejido y estabilidad en México. In: Ciencias politicas y sociales, Mécico D.F., S. 413-449
DUMONT, R. 1962, The „sabotage" of the agrarian reform. In: New Left Review, S. 46-63
EXCELSIOR, Mexikanische Tageszeitung. Diverse Berichte.
ECKSTEIN, S. 1966, El ejido colectivo. México D. F.
EISENSTADT, S. N. 1971, Social Differenciation and Stratification. Glenview, Illinois, USA
FEDER, E. 1969, Sobre la impotencia de los campesinos. In: Revista Mexicana de Sociología, April/Juni 1969, México D. F., S. 322-386
— (ed.) 1973, Gewalt und Ausbeutung, Lateinamerikas Landwirtschaft. Hamburg
FRIEDRICH, J. 1968, Die Agrarreform in Mexiko. Bedeutung und Verbreitung des Ejido-Systems in den wichtigsten Anbaugebieten des Landes. Nürnb. Wirtschafts- und Sozialgeogr. Arb. 7
FRANK, A. G. 1969 u. a., Kritik des bürgerlichen Anti-Imperialismus. Bielefeld
GALJART, B. 1972, Movilización Campesina en America Latina. In: Boletin de Estudios Latinoamericanos, Amsterdam
GIERLOFF—EMDEN, H. G. 1970, Mexiko. Eine Landeskunde. Berlin
GONZALES CASANOVA, P. 1970, Sociología de la explotación. México D. F. ^{2}1970

GORMSEN, E. 1966, Tlaxacala — Chiautempan — Apizaco. Zur Entwicklung kleiner Städte im mexikanischen Hochland. In: Heidelb. Geogr. Arb. H. 15, Wiesbaden, S. 115-132
— 1968, Städte und Märkte in ihrer gegenseitigen Verflechtung und in ihren Umlandbeziehungen. In: Tichy (ed.) 1968: Das Mexiko-Projekt der Deutschen Forschungsgemeinschaft, Bd. I, Wiesbaden, S. 180-193
HAGGETT, P. 1973, Einführung in die kultur- und sozialgeographische Regionalanalyse. (Aus dem Englischen übertragen von D. Bartels u. B. u. V. Kreibich). Berlin, New York
HAHN, H. 1957, Sozialgruppen als Forschungsgegenstand der Geographie. In: Storkebaum (ed.): Zum Gegenstand und zur Methode der Geographie, Darmstadt 1967. (Zuerst in ERDKUNDE 1957, S. 35-41).
— 1958, Konfession und Sozialstruktur. In: Storkebaum (ed.): Sozialgeographie, Darmstadt 1969. (Zuerst in ERDKUNDE 1958, S. 241-253).
HEIMPEL, Ch. 1965, Agrarreform und Sozialrevolution. Inst. f. Internationale Solidarität d. K.-Adenauer-Stiftung, Bonn
HOROWITZ, I. L. 1970, Masses in Latin America. New York, Oxford Univ. Press
HARTKE, W. 1959, Gedanken über die Bestimmung von Räumen gleichen sozialgeographischen Verhaltens. In: Storkebaum (ed.) Sozialgeographie, Darmstadt 1969. (Zuerst in ERDKUNDE 1959, S. 426-436).
JÄCKLEIN, K. 1970, San Felipe Otlaltepec. Göppinger Akad. Beiträge. Göppingen
KNOBLICH, K. 1973, Las Condiciones de las aguas subterráneas en la cuenca de Puebla-Tlaxcala. In: Comunicaciones del Proyecto Puebla-Tlaxcala, H. 7. Puebla, S. 9-10
KRYSMANSKI, R. 1967, Bodenbezogenes Verhalten in der Industriegesellschaft. Hrsgg. vom Zentralinstitut für Raumplanung an der Univ. Münster, H. 2
LAUER, W. 1973, 10 Jahre Mexiko-Projekt. In: Mitteilungen der Deutschen Forschungsgemeinschaft 1, 1973, S. 5-21, Bonn
— 1970, Naturwissenschaftliche Arbeiten im Rahmen des Mexiko-Projekts der Deutschen Forschungsgemeinschaft, in: Wilhelmy (ed.), Festschrift f. E. Gentz, S. 29-38
— 1975, Vom Wesen der Tropen. Akademie der Wissenschaften u. der Literatur, Mainz. Wiesbaden
LEVI, S. 1965, El Ejido en el Estado de Puebla. In: Publicaciones del Instituto de Geografía, Vol. I, U. N. A. M. Mexico D. F.
LEWIS, O. 1960, Tepotzlán, New York
— 1963, Life in a Mexican Village. Tepotzlán restudied. Urbana
— 1967, Pedro Martínez. A Mexican Peasant and his Family. New York
MAYNTZ, R. u. a. 1971, Einführung in die Methoden der empirischen Soziologie. Köln u. Opladen, ^{2}1971
MEJIDO, M. 1974, La agricultura en crisis. Fondo de Cultura Económica. México D. F.
NAVARRETE, I. M. de 1971, Bienestar campesino y desarrollo económico. Sección de Obras de Economía. Fondo de Cultura Económica, México D. F.

NUTINI, H.G. u. T. D. Murphy 1970, Labor Migration and Family Structure in the Tlaxcalan Pueblan Area. México D. F.
NICKEL, H. J. 1970, Zur Problematik der Agrarreform in Lateinamerika. Mitteilungen d. Geogr. Fachsch. Freiburg, N. F., Freiburg
— 1971, Die Campesinos zwischen Marginalität und Integration. Freiburg
— 1973, Unterentwicklung als Marginalität in Lateinamerika. München
— 1975, Marginalität und Urbanisierung in Lateinamerika. In: Geographische Zeitschrift 63, S. 13-30
— 1976, Zur Immobilität und Schuldknechtschaft mexikanischer Landarbeiter vor 1915. In: Saeculum XXVII, S. 289-328
OTHON DE MENDIZABAL, M. de u. a. 1968, Ensayos sobre las classes sociales en México. In: Los Grandes Problemas Nacionales, México D. F.
PADGETT, L. V. 1966, The Mexican Political System. Boston
PENA, M. de la 1964, El Pueblo y su Tierra. Cuadernos Americanos, Mexico D. F.
PFEIFER, G. 1964, Bericht über ein deutsch-mexikanisches Forschungsprojekt. In: Geogr. Zeitschr. 52, S. 128-151
PLAN PUEBLA (o.J.), Un Enfoque Regional para Aumentar la Productividad Agrícola. Puebla, etwa 1968
POPP, K. 1976, Der Kulturlandschaftswandel im Becken von Atlixco, Pue. Diss. Erlangen 1976
PUENTE LUTTEROTH, S. 1974, Studien zum System der zentralen Orte in Mexiko — am Beispiel von Tlaxcala. Diss. Bonn 1974
REYES OSORIO, S., R. Stavenhagen u. a.1974, Estructura Agrária y Desarrollo Agrícola en México. México D. F.
RIGGS, F. W. 1964, Administration in Developing Countries. The Theory of Prismatic Society. Boston
RÖHM, H. 1957, Das Problem einer sozialökonomischen Klassifikation der landbesitzenden Familien. In: Berichte über Landwirtschaft NF XXXV, S. 17-41
RÜHL, A. 1920, Die Wirtschaftspsychologie des Spaniers. In: E. Wirth (ed.), Wirtschaftsgeographie, Darmstadt 1969 (Zuerst erschienen in ZEITSCHRIFT d. Ges. f. Erdkunde zu Berlin 1920, S. 297-302).
RUPPERT, K. u. F. Schaffer 1969, Zur Konzeption der Sozialgeographie. In: A. Schultze (ed.) 1976: Dreißig Texte zur Didaktik der Geographie. Zuerst erschienen in Geographische Rundschau 1969, S. 205-214)
SANDER, H.-J. 1972, Zum Problem der sozialökonomischen Differenzierung kleinbäuerlicher Familien im zentralmexikanischen Hochland. In: Geogr. Zeitschr. S. 375-389
— 1973, Versuch eines sozialökonomischen Klassifikationsmodells kleinbäuerlicher Familien in Mexiko, dargestellt am Beispiel zweier Ejido-Gemeinden im zentralen Hochland. In: Erdkunde, S. 235-243
— 1974 (a), Cambios Actuales en la Estructura Económica y Social de dos Ejidos en el Norte de la Región del Proyecto (Xicoténcatl y Benito Juárez). In: Comunicaciones del Proyecto Puebla-Tlaxcala, H. 11, Puebla, S. 69-76
— 1974 (b), Estructura Social y Confesional en un pueblo de Campesinos del Estado Federal de Tlaxcala, México. In: Comunicaciones del Proyecto Puebla-Tlaxcala, H. 11, Puebla, S. 77-83

SANDNER, G. 1964, Mitla und Cuajimalpa. Wandel und Beharrung in zwei mexikanischen Dörfern 1929-1962. In: Geogr. Zeitschr. 1964, S. 95-106
— 1975, Wachstumspole und regionale Polarisierung der Entwicklung im Wirtschaftsraum. In: Der Wirtschaftsraum, Festschrift f. E. Otremba, Erdkundliches Wissen H. 41, Wiesbaden, S. 78–90

SEELE, E. 1968 (a), Die Agrarlandschaften der Gegenwart im Becken von Puebla-Tlaxcala. In: Tichy (ed.) 1968: Das Mexiko-Projekt der Deutschen Forschungsgemeinschaft, Bd. I, S. 153-169
— 1968 (b), Die Ziegelherstellung im Becken von Puebla-Tlaxcala. In: Tichy (ed.) 1968: Das Mexiko-Projekt der DFG, Bd. I
— 1970, Jüngere Wandlungen der Agrarlandschaft im Hochland von Mexiko. In: Tagungsberichte und wiss. Abhandlungen des Deutschen Geographentages Kiel 1969. Wiesbaden 1970
— 1974, Niveau des statischen Grundwasserspiegels im Projektsgebiet Puebla-Tlaxcala, unveröffentlichte Karte 1 : 200 000, Erlangen
SEELE, E. u. F. Wolf 1973, Darstellung thematischer Karten mit Schnelldrucker und Plotter auf der CD 3300. Mitteilungsblatt des Rechenzentrums der Universität Erlangen-Nürnberg
SCHÖLLER, P. 1968, Leitbegriffe zur Charakterisierung von Sozialräumen. In: Zum Standort der Sozialgeographie, Festschrift f. W. Hartke, Münchener Stud. z. Sozial- u. Wirtschaftsgeogr. Bd. 4, S. 177–184
SCHÖLLER, P. (ed.) 1972, Zentralitätsforschung. Darmstadt
SILVA FUENZALIDA, I. 1972, Marginalidad, Transición y Conflicto Social en America Latina. Cedial-Herder, Bogotá und Barcelona
SIMPSON, E. R. 1937, The ejido: Mexico's way out. The University of North Carolina Press, Chapel Hill, N. C.
STAVENHAGEN, R. 1966, Social aspects of the agrarian structure in Mexico. In: Social Research, Vol. 33, 3, S. 463-485
— 1967, Los jornaleros agricolas. In: Revista del México Agrario, S. 163-166
— 1969, Sieben falsche Thesen über Lateinamerika. In: Frank, Kritik des bürgerlichen Anti-Imperialismus, Bielefeld. S. 15-30
— 1970, Agrarian Problems and peasant movements in Latin America. Garden City. N. Y., USA
— 1972, Sociología y subdesarrollo. Editorial Nuestro Tiempo, México D. F.
— 1973, Las clases sociales en las sociedades agrárias. Siglo 21. editores, México D. F. ^{5}1973
STEGER, H. A. (ed.) 1968, Sozioökonomische Typologie Lateinamerikas. Beiträge zur Soziologie und Sozialkunde Lateinamerikas, Bd. 3, Bad Homburg v. d. H..
STEINBERG, H. G. 1969, Fragen einer sozialräumlichen Gliederung auf statistischer Grundlage. In: W. Storkebaum (ed.) Sozialgeogr. Darmstadt, S. 193–223
SOL DE PUEBLA, Mexikanische Tageszeitung in Puebla. Diverse Berichte.
TICHY, F. 1964, Bericht über den Beginn geographischer Arbeiten im Rahmen der deutsch-mexikanischen Forschungen im Becken von Puebla-Tlaxcala vom 6.9.62 bis 30.7.1963. In: Geographische Zeitschrift 52, S. 151-157

- 1963, Ejido-Statistik des Mexiko-Projektes Puebla-Tlaxcala. Erhoben v. F. Tichy im Departamento de Asuntos Agrarios y Colonización, México D. F. 1963
- 1966, Politischer Umsturz und Kulturlandschaftswandel im Hochland von Mexiko. In: Heidelb. Geogr. Arb. H. 15, Wiesbaden, S. 99-114
- 1968 (ed.), Das Mexiko-Projekt der Deutschen Forschungsgemeinschaft, Bd. I, Wiesbaden
- 1968 (a), Das Hochbecken von Puebla-Tlaxcala und seine Umgebung. In: Tichy (ed.) 1968, S. 6-24
- 1968 (b), Die Entwicklung der Agrarlandschaften seit der vorkolumbianischen Zeit. In: Tichy (ed.) 1968, S. 145-152
- 1970, Zentrale und periphere Räume im Bereich des Beckens von Puebla-Tlaxcala (Mexiko) in ihrer Siedlungs- und Bevölkerungsentwicklung. In: Deutsche Geogr. Forsch. in der Welt von heute, Kiel. S. 39-48
- 1973, Siedlung und Bevölkerung im Raum Puebla-Tlaxcala am Ende des 18. Jahrhunderts dargestellt im Kartenbild. In: Jahrbuch für Geschichte von Staat, Wirtschaft und Gesellschaft Lateinamerikas, Bd. 10, Köln u. Wien, S. 207-235
- 1974, Siedlung und Bevölkerung 1900-1970. Zentralgebiet Puebla-Tlaxcala. In Tabellen zusammengestellt. Erlangen.

TICHY F. u. K. Tyrakowski, Besitzgrenzen nach der Agrarrevolution im Projektsgebiet Puebla-Tlaxcala. 16 unveröffentlichte Kartenblätter 1 : 50 000, Erlangen

TREUE, W. 1968, Das Mexiko-Projekt. Ein Unternehmen deutsch-mexikanischer interdisziplinärer Regionalforschung. In: Tichy (ed.) 1968: Das Mexiko-Projekt der Deutschen Forschungsgemeinschaft, Bd. I, Wiesbaden, S. 1-4

TROLL, C. 1954, Forschungen in Zentralmexiko. In: Tagungsbericht und wiss. Abhandlungen des Deutschen Geographentages Hamburg 1955, Wiesbaden 1957, S. 191-213
- 1961, Religionsgeographie als Teilaspekt der Kultur- und Sozialgeographie. In: Schwind (ed.) 1975: Religionsgeographie. Darmstadt. (Begrüßungsrede zur religionswiss. Jahrestagung des Deutschen Zweiges der Internationalen Vereinigung für Religionsgeschichte in Bonn vom 26.–28.7.1961)

WAIBEL, L. 1930, Die wirtschaftsgeographische Gliederung Mexikos. Leipzig

WEBER, M. 1947, Gesammelte Aufsätze zur Religionssoziologie, Bd. 1, Tübingen ^{4}1947.

WILHELMY H. (ed.) 1970, Festschrift f. E. Gentz, Deutsche Geographische Forschung in der Welt von heute, Kiel

STATISTIK, IX. Censo Géneral de Población, 1970. 3 Bände, México D. F. 1973

AGENDE ESTADISTICA. Secretaría de Industria y comercio (ed.). Fortlaufende Jahrgänge.

Anhang
Tabellen: I, II, III
Fragebogen

Tabelle I: Zur Wirtschafts- und Sozialstruktur von Xalcaltzingo

	I. Haus und Betrieb Bestand der Häuser im Dorf : 138		II. Familien mit einer erwerbstät. Person : 116	III. Familien mit zwei erwerbst. Personen 1. Person: 58	2. Person: 58	IV. Familien mit drei erwerbst. Personen 3. Person: 13
Person pro Haus: bis 5	:	69	24	24	38	12
6 bis 10	:	62	62	26	19	1
11 bis 15	:	7	16	8	1	—
16 u. mehr	:	—	14	—	—	—
Familien pro Haus: 1	:	88				
2	:	39				
3	:	7				
Familienvorstand unter 30 J.						
30 bis unter 50 J.						
50 bis unter 65 J.						
65 Jahre u. mehr						
Personen pro Familie: bis 5	:	88	97	32	32	5
6 bis 9	:	39	15	24	24	7
10 bis 12	:	7	4	2	2	1
13 bis 15	:	—	—	—	—	—
Beruf: Campesino	:	34	28	24	12	2
Tagelöhner	:	27	8	9	10	4
gewerbl. Hilfsarbeiter	:	—	9	—	6	2
Handwerker	:	14	9	4	11	—
Industriearbeiter	:	27	22	7	11	2
Angestellter	:	32	10	—	3	1
Selbständiger	:	4	19	8	5	2
Rentner			11	6	—	—
Landbesitz und Betriebsgröße unter 500 m²	:	53	23	12	—	—
500 m² bis unter 0,1 ha	:	14	17	6	—	—
0,1 ha bis unter 0,5 ha	:	11	—	—	—	—
0,5 ha bis unter 1 ha	:	14	6	9	—	1
1 ha bis unter 2 ha	:	15	13	17	1	—
2 ha bis unter 3 ha	:	19	11	13	1	—
3 ha und mehr	:	2	1	1	—	—
Beruf des Landbesitzers	:	10				
Campesino						
Tagelöhner						
gewerbl. Hilfsarbeiter						
Industriearbeiter						
selbständig						
Rentner						
Angestellter						
Handwerker						
Arbeitsort: Xalcaltzingo	:	64	44	30	8	
Zacatelco	:	11	5	21	1	
Tlaxcala	:	9	4	5	—	
Puebla	:	21	3	14	4	
Mexiko-Stadt	:	9	1	7	—	
Oaxaca	:	2	—	—	—	
Nebenerwerb: landwirtsch.	:	5	6	1	—	
handwerklich	:	—	—	—	—	
Hilfsarbeiter	:	—	—	—	—	
selbständig	:	1	—	—	—	
Verbrauch der lw. Produktion Eigenverbrauch	:	15	3	—	1	
Überschußprod. u. Verkauf	:	14	18	12	—	
gezielte Marktproduktion	:	7	10	10	1	
Vermarktung der landwirtschaftlichen Produktion Eigenverbrauch im Dorf	:	7				
Zacatelco	:	22				
Tlaxcala	:	1				
Puebla	:	9				
Mexiko-Stadt	:	4				
Landwirtschaftlicher Maschinenbestand	:	2				
Einkommen: unter $ 300.—	:	48	43	31	28	8
$ 300.— bis unter $ 500.—	:	56	58	22	24	4
$ 500.— und mehr	:	27	15	5	6	1
Unterstützung durch Fam.-Mitglieder von außerhalb	:	7	9	1	1	—
Erwerbstätige Person pro Haus 1 Person ... Häuser						
2 Personen ... Häuser						
3 Personen ... Häuser						
4 Personen ... Häuser						

Tabelle II: Zur Wirtschafts- und Sozialstruktur von Atlamaxac

I. Haus und Betrieb Bestand der Häuser im Dorf : 137		II. Familien mit einer erwerbstät. Person : 174		III. Familien mit zwei erwerbst. Person		IV. Familien mit drei und vier erwerbst. Personen	
				1. Person: 22	2. Person: 22	3. Person: 4	4. Person: 1
Personen pro Haus: bis 5	59	Familienvorstand unter 30 J.	22	—	18	4	1
6 bis 10	71	30 bis unter 50 J.	90	9	2	—	—
11 bis 15	7	50 bis unter 65 J.	39	10	2	—	—
16 und mehr	—	65 Jahre und mehr	23	3	—	—	—
Familien pro Haus: 1	81	Personen pro Familie: bis 5	133	8	8	—	—
2	47	6 bis 9	39	14	14	—	—
3	8	10 bis 12	2	—	—	—	—
		13 bis 15	—	—	—	—	—
Landbesitz und Betriebsgröße unter 500 m²	50	Beruf: Campesino	88	11	3	1	—
500 m² bis unter 0,1 ha	—	Tagelöhner	21	4	6	1	1
0,1 ha bis unter 0,5 ha	22	gewerblicher Hilfsarb.	7	1	7	2	—
0,5 ha bis unter 1 ha	28	Handwerker	3	1	1	—	—
1 ha bis unter 2 ha	29	Industriearbeiter	15	1	2	—	—
2 ha und mehr	8	Angestellter	8	—	2	—	—
		Selbstständiger	9	2	1	—	—
		Rentner	23	2	—	—	—
Betriebe mit Trockenfeldl.	96	Landbesitz und Betriebsgröße unter 500 m²	44	9	—	—	—
Betriebe mit Bewässerungsl.	13	500 m² bis unter 0,1 ha	—	—	—	—	—
Gemischte Betriebe	28	0,1 ha bis unter 0,5 ha	16	4	1	1	—
Eigenlandbetrieb	133	0,5 ha bis unter 1 ha	26	2	1	—	—
Pachtlandbetriebe	4	1 ha bis unter 2 ha	21	3	1	—	—
		2 ha und mehr	7	—	—	—	—
Beruf des Landbesitzers		Arbeitsort: Atlamaxac	145	18	11	4	1
Campesino	73	Tepeyanco	2	—	1	—	—
Tagelöhner	20	Tlaxcala	12	1	1	—	—
gewerbl. Hilfsarbeiter	3	Puebla	11	3	6	—	—
Industriearbeiter	3	Mexiko-Stadt	4	—	3	—	—
selbstständig	7						
Rentner	26	Nebenerwerb: landw.	13	—	1	—	—
Angestellter	4	handwerklich	3	—	—	—	—
Handwerker	1	Hilfsarbeiter	3	—	—	—	—
		selbständig	13	1	—	—	—
Landwirtschaftlicher Maschinenbestand		Verbrauch der landw. Produktion					
Auto	4	Eigenverbrauch	69	18	3	1	—
Motorrad	—	Überschußprod. u. Verk.	24	—	—	—	—
Fahrrad	—	gezielte Marktprod.	8	—	—	—	—
Vermarktung der landwirtschaftlichen Produktion		Einkommen: unter $ 300.—	141	18	18	4	1
Eigenverbrauch	92	$ 300 bis $ 500.—	26	2	2	—	—
im Dorf	2	$ 500.— und mehr	7	1	1	—	—
Tepeyanco	—	Unterstützung durch Fam.-					
Tlaxcala	7	Mitglieder von außerh.	12	—	2	—	—

Tabelle III: Zur Wirtschafts- und Sozialstruktur von San Juan

I. Haus und Betrieb	Eigenl.	Eigenl. und Ejidobesitz Eigenl.	Ejido	II. Familien mit einer erwerbstät. Person, Eigenl. u. Ejidobesitz Eigenl.	Ejido	III. Familien mit zwei erwerbstät. Personen, Eigenl. Ejidobesitz Eigenl.: 1. Person	2. Person	Ejido: 1. Person	2. Per.	IV. Familien mit drei u. vier erwerbstät. Personen, Eigenl. u. Ejidobesitz 3. Person: Eigenl.	Ejido	4. Person: Eigenl.	Ejido
Bestand der Häuser im Dorf :	452	87		530	120	115	115	21	21	21	5	5	—
Personen pro Haus: bis 5	218	38		135	24	10	80	—	18	18	4	4	—
6 bis 10	175	34		272	65	64	33	14	2	3	1	1	—
11 bis 15	55	11		47	13	23	2	4	1	—	—	—	—
16 und mehr :	2	1		76	18	8	—	3	—	—	—	—	—
Familien pro Haus: 1 :	328	43		428	105	51	53	14	14	6	2	2	—
2 :	92	29		99	15	59	57	7	7	11	3	3	—
3 :	53	15		1	—	3	3	—	—	2	—	1	—
				2	—	3	2	—	—	2	—	—	—
Landbesitz und Betriebsgröße		Eigen- u. Ejidoland											
unter 0,5 ha :	72	—		223	54	82	13	10	2	3	2	2	—
0,5 bis unter 1 ha :	—	1		34	7	16	6	—	—	12	1	1	—
1 bis unter 2 ha :	16	—		73	9	7	21	—	14	1	2	2	—
2 bis unter 4 ha :	117	29	2	35	8	2	4	1	1	1	—	—	—
4 bis unter 6 ha :	91	17	6	75	15	5	21	1	1	4	1	1	—
6 bis unter 8 ha :	69	16	3	30	6	—	6	1	3	2	—	—	—
8 ha und mehr :	87	24	2	53	21	3	36	9	—	—	—	—	—
				7	—	—	5	—	—	—	—	—	—
Beruf des Landbesitzers													
Campesino :	264	51		19	—	1	—	—	—	—	—	—	—
Tagelöhner :	34	7		—	—	—	—	—	—	—	—	—	—
gewerblicher Hilfsarbeiter :	34	3		12	—	1	—	—	—	—	—	—	—
Industriearbeiter :	26	1		93	70	26	2	7	—	—	—	—	—
Selbständig :	56	19		71	19	33	1	3	—	—	—	—	—
Rentner :	9	—		38	13	22	—	5	—	—	—	—	—
Angestellter :	12	2		51	18	23	—	6	—	—	—	—	—
Handwerker :	17	4											
Arbeitsort:													
San Juan :	14	9		294	75	103	66	17	14	8	2	2	—
Puebla :	81	21		229	40	12	46	4	7	13	3	3	—
Mexiko-Stadt :	43	8		7	5	—	3	—	.	—	—	—	—
Fahrrad	48	—											
Nebenerwerb: landwirtschaftl.				75	18	11	7	8	—	5	—	—	—
handwerklich :				3	—	—	1	—	—	—	—	—	—
Hilfsarbeiter :	359	65		16	7	15	1	—	—	—	—	—	—
selbständig :	40	16		9	7	8	—	3	—	—	—	—	—
Verbrauch der landw. Produktion													
Eigenverbrauch :	215	30		164	49	36	25	6	2	3	—	1	—
Überschußproduktion u. Verk. :	149	36		85	28	44	—	6	—	—	—	—	—
gezielte Marktproduktion :	74	18		49	24	24	—	7	—	—	—	—	—
Einkommen unter $ 300.— :	13	2		251	44	54	70	6	15	17	—	4	—
$ 300.— bis unter $ 500.— :	1	1		190	45	41	40	4	6	4	5	1	—
$ 500.— und mehr :				89	31	20	5	11	—	—	—	—	—
Erwerbstätige Person pro Haus													
1 Person ... Häuser													
2 Person ... Häuser													
3 Person ... Häuser													
4 Person ... Häuser													
5 Person ... Häuser													
landwirtschaftlicher Maschinenbestand													
Auto													
Motorrad													
Vermarktung der landwirtschaftlichen Produktion im Dorf / Puebla													
Familienvorstand unter 30 Jahre / 30 bis unter 50 Jahre / 50 bis unter 65 Jahre / 65 Jahre und mehr													
Personen pro Familie: bis 5 / 6 bis 9 / 10 bis 12 / 13 bis 15													
Beruf: Campesino / Tagelöhner / gewerbl. Hilfsarbeiter / Handwerker / Industriearbeiter / Angestellter / Selbständiger / Rentner													
Unterstützung durch Familienmitglieder von außerhalb :	—	—		—	—	—	—	—	—	—	—	—	—

Fragebogen (Seite 1)

Stadt (Municipio):   Dorf (Pueblo):

Straße: Hausnummer:
Wieviele Personen leben im Haus?
Männer: Frauen: Kinder: m: w:
Alter:
Wieviele einzelne Familien (Ehen) leben im Haus?
Größe des Betriebes: Zahl der Parzellen:
Betriebsinhaber:
Eigenland: Pachtland:
Bewässerungsland: Trockenland:
Maschinen: Autos:
Verwendung von chem. Dünger mit/ohne Anleitung:

Anbauflächen (in % von der Gesamtfläche):

Zahl der Ernten (und welche Produkte):

Preise der wichtigsten Produkte (pro kg):
Vermarktung:
Erwerbstätige Person: Fam.-ang. EP:
Tagelöhner: Höhe des Lohnes:

I. Großelterliche Familie
Großvater: Jahre alt   Beruf:
Durch wen versorgt:
Zahl der Kinder: m: w: Im Hause lebend: m: w:
Davon verheiratet: Mit eig. Fam. im Hause lebend:

II. Elterliche Familien
1. Ehemann: Schwieger-Sohn. Alter: Beruf/Ausbildung:
Arbeitet wo:
Wenn außerhalb, wie oft nach Hause kommend:
Art des Einkommens: Wie hoch:

Nebenbeschäftigungen: (Anteile in %)
Einkommen für die eigene Familie:
Andere Personen mitversorgend:
Kinder: m:................w:......................
Alter: ....
Einkommen: ....
Bemerkungen:

Fragebogen (Seite 2)

Forts.: Elterliche Familien
2. Ehemann: Schwieger-Sohn. Alter: Beruf/Ausbildung:
Arbeitet wo:
Wenn außerhalb, wie oft nach Hause kommend:
Art des Einkommens: Wie hoch:

Nebenbeschäftigungen: (Anteile in %)
Einkommen für die eigene Familie: .
Andere Personen mitversorgend:
Kinder: m: ....w: ....
Alter: ....
Einkommen: ....

III. Jungfamilien
Ehemann: Schwieger-Sohn.   Alter: Beruf/Ausbildung:
Arbeitet wo:
Wenn außerhalb, wie oft nach Hause kommend:
Art des Einkommens: Wie hoch:
Nebenbeschäftigungen: (Anteile in %)
Einkommen für die eigene Familie:
Andere Personen mitversorgend:
Kinder: m: ....w: ....
Alter: ....
Einkommen: ....

IV. Familienunterstützung durch außerh. lebende Fam.-Angehörige
1. Person: m: w: Alter: Verwandsch.-Grad:
Wo lebend: Seit wann:
Welche Beschäftigung:
Wie oft ins Elternhaus zurückkehrend:
Höhe der unterstützungszahlungen:
2. Personen: m: w: Alter: .Verwandtsch.-Grad:
Wo lebend: Seit wann:
Welche Beschäftigung:
Wie oft ins Elternhaus zurückkehrend:
Höhe der Unterstützungszahlungen:
Bemerkungen: